VOCABULAIRE THÉMATIQUE ANGLAIS-FRANÇAIS

Le monde d'aujourd'hui

Société – Environnement – Economie – Politique – Technologie – Santé

Daniel GANDRILLON
Agrégé de l'université
Professeur en classes préparatoires
au Lycée Henri IV, Paris

ellipses

Du même auteur, chez le même éditeur

Traduire la presse – Entraînement à la version anglaise, 1998, 160 pages

Anglais – Pratique de la version journalistique, 1999, 160 pages

Scanning the Press, 2000, 224 pages

Between the Headlines, en collaboration avec José Wolfer, 2001, 208 pages

Gagnez des points en anglais ! en collaboration avec Annie Gandrillon, 2002, 352 pages

Zéro faute en anglais !, en collaboration avec Annie Gandrillon, 2003, 160 pages

Traduire la presse – Entraînement à la version anglaise (nouvelle édition entièrement modifiée), 2004, 160 pages

Anglais, Le kit de l'étudiant, 2009, 256 pages

Remerciements

L'auteur tient à remercier vivement Jean-Pierre Demarche pour sa précieuse collaboration informatique.

Il exprime sa profonde gratitude à sa femme Annie pour sa patiente relecture du manuscrit.

Il dédie cet ouvrage à tous ses élèves passés du lycée La Martinière Monplaisir à Lyon, et à tous ses élèves présents et futurs du lycée Henri IV à Paris, en espérant qu'il les aidera à progresser.

Il dédie aussi cet ouvrage aux nombreux anglicistes qui ont montré de l'intérêt pour ce projet.

ISBN 978-2-7298-2700-7

www.editions-ellipses.fr

AVERTISSEMENT

Cet ouvrage a pour but de fournir à l'étudiant le vocabulaire et les idées nécessaires pour s'exprimer, à l'oral ou à l'écrit, sur **les sujets essentiels du monde d'aujourd'hui**.

Cet ouvrage se compose de 100 sujets traités sous la forme de chapitres de 2 pages et s'articule autour des grands thèmes que l'on rencontre régulièrement dans les médias : les phénomènes de société, l'environnement, l'économie, la politique, la science, la technologie, la santé, le sport et les loisirs.

Partant du constat que l'étudiant se plaint d'avoir à apprendre des listes de mots dont peu lui servent vraiment, la page de gauche présente en une quarantaine de mots et expressions **le vocabulaire réellement utile et indispensable pour parler d'un sujet.**

Partant du constat que l'étudiant manque souvent d'**idées pour parler d'un sujet**, la page de droite comporte une quinzaine de phrases qui abordent les différents aspects du sujet et qui sont destinées à lui fournir des pistes de réflexion. Tirées pour la plupart de la presse anglo-saxonne, ces phrases, toutes traduites, permettront à l'étudiant d'enrichir encore ses connaissances linguistiques et lui serviront en même temps d'entraînement à la version anglaise.

Cet ouvrage s'adresse en particulier aux élèves des classes préparatoires scientifiques et commerciales dont les épreuves de concours portent sur les grandes questions du monde contemporain, mais sera également très utile aux étudiants en LEA, DEUG, licence et aux agrégatifs.

L'auteur

TABLE DES MATIERES

TODAY'S BIG ISSUES
LES GRANDS PROBLEMES ACTUELS

THE ENVIRONMENT
L'ENVIRONNEMENT

THE ECONOMY
L'ECONOMIE

SCIENCE AND TECHNOLOGY
SCIENCE ET TECHNOLOGIE

1. THE WORLD'S POPULATION
LA POPULATION MONDIALE

the world's population / world population	*la population mondiale*
demography	*la démographie*
a demographer / a population scientist	*un démographe*
a census	*un recensement*
to take a census	*effectuer un recensement*
the forecast	*les estimations, les prévisions*
world population growth	*la croissance démographique mondiale*
the population explosion	*l'explosion démographique*
overpopulation	*la surpopulation*
an age pyramid	*une pyramide des âges*
an age group	*une tranche d'âge*
the birth rate	*le taux de natalité*
the fertility rate	*le taux de fécondité*
birth control	*le contrôle des naissances*
the death rate / mortality / the mortality rate	*le taux de mortalité*
the infant mortality rate	*le taux de mortalité infantile*
life expectancy / the expectation of life	*l'espérance de vie*
a densely populated area / an area of high population density	*une région fortement peuplée*
a sparsely populated area / an area of low population density	*une région faiblement peuplée*
to rise by / to increase by / to grow by 5%	*augmenter de 5 %*
a rise / an increase in world population	*une augmentation de la population mondiale*
to rise dramatically	*augmenter de façon spectaculaire*
to soar / to spiral / to skyrocket	*augmenter en flèche*
to double	*doubler*
to triple	*tripler*
to increase fourfold	*être multiplié par quatre*
to peak at 9 billion	*culminer à 9 milliards*
the current trend	*la tendance actuelle*
the reversal of a trend	*un renversement de tendance*
a baby boom	*un baby boom*
the baby boomers	*les enfants du baby boom*

LES MOTS AU SERVICE DES IDEES

Population scientists predict that world population will peak at 9bn in 2070.

Les démographes prédisent que la population mondiale culminera à 9 milliards en 2070.

Whether Earth will be able to put up with an extra 3bn is anyone's guess.

Personne ne sait vraiment si la planète Terre pourra s'accommoder de 3 milliards d'habitants supplémentaires.

Demographers say that at last the planet will be getting a little less crowded by the end of the 21st century.

Selon les démographes, la planète finira par être un peu moins peuplée d'ici la fin du 21e siècle.

There will be fewer Chinese, Europeans and Japanese, and more Africans, Indians and Americans.

Il y aura moins de Chinois, d'Européens et de Japonais, et plus d'Africains, d'Indiens et d'Américains.

India is poised to surpass China and become the world's most populous country by 2050.

L'Inde est prête à dépasser la Chine et à devenir le pays le plus peuplé du monde d'ici 2050.

A UN report points to a growing imbalance between the developed and developing world.

Un rapport des Nations unies met l'accent sur un déséquilibre croissant entre les pays développés et les pays en développement.

World population growth will be concentrated overwhelmingly in the countries least able to support it.

L'augmentation de la population mondiale sera concentrée massivement dans les pays les moins à même d'y faire face.

The 48 least developed countries are expected to nearly triple their population by 2050, which will increase the demand for food and water.

La population des 48 pays les moins développés du monde devrait presque tripler d'ici 2050, ce qui accroîtra la demande en nourriture et en eau.

The price to pay for the fall in the world's population will be a very significant ageing of the population in western Europe and Japan.

Le prix à payer pour la diminution de la population mondiale sera un vieillissement notoire de la population en Europe de l'Ouest et au Japon.

One in three people will be elderly by 2050.

D'ici 2050, un habitant sur trois sera vieux.

World population projections need to be treated with caution. There is nothing more unpredictable than human behaviour.

Les projections concernant la population mondiale doivent être regardées avec précaution. Il n'y a rien de plus imprévisible que le comportement humain.

2. POVERTY
LA PAUVRETE

destitution	*le dénuement, la misère*
the destitute	*les indigents, les pauvres*
the poor / poor people	*les pauvres*
a poor man	*un pauvre*
dire poverty / grinding poverty / extreme poverty	*la misère noire, la misère extrême*
to be poverty-stricken	*être dans la misère*
to live below the poverty line	*vivre en dessous du seuil de pauvreté*
the underprivileged	*les défavorisés*
to live a hand-to-mouth existence	*vivre au jour le jour*
precariousness	*la précarité*
to live a precarious existence	*vivre une existence précaire*
to make ends meet	*joindre les deux bouts*
starvation wages	*un salaire de misère*
to sink into poverty	*sombrer, basculer dans la pauvreté*
to hit / to reach rock bottom	*toucher le fond*
to be down-and-out	*être sur le pavé*
to keep the wolf from the door	*tirer le diable par la queue*
to live at the subsistence level	*avoir juste de quoi vivre*
to live below the subsistence level	*ne pas avoir le minimum vital*
the bare necessities (of life)	*le strict nécessaire*
to be moneyless	*être sans argent*
to be short of money / to be pressed for money / strapped for cash	*être à court d'argent, manquer d'argent*
to be hard up / broke / skint	*être fauché*
the haves and the have-nots	*les riches et les pauvres*
world poverty / global poverty	*la pauvreté mondiale*
to live on a dollar a day	*vivre avec un dollar par jour*
gross inequalities	*des inégalités criantes*
to eradicate poverty	*éradiquer la pauvreté*
the GDP	*le PNB*
the OECD	*l'OCDE*
the IMF	*le FMI*
the World Bank	*la Banque mondiale*
to meet a target	*atteindre un objectif*
a better distribution of wealth	*une meilleure répartition des richesses*
to redistribute wealth	*redistribuer les richesses*

LES MOTS AU SERVICE DES IDEES

Eradicating poverty is one of the great challenges of the 21st century. It is still the world's greatest killer.

Eradiquer la pauvreté est l'un des grands défis du XXIe siècle. C'est toujours elle qui tue le plus dans le monde.

Despite the world leaders' fine words, the gap betwen the haves and the have-nots is widening, not closing.

Malgré les beaux discours des grands de ce monde, le fossé entre les riches et les pauvres ne se comble pas, il se creuse.

World leaders have set themselves the task of halving global poverty by 2015, but it is probably just pie in the sky.

Les leaders mondiaux se sont fixé pour objectif de réduire la pauvreté mondiale de moitié d'ici 2015, mais ce ne sont sans doute que des promesses en l'air.

Poverty is bound to worsen if economic growth cannot keep pace with population growth.

La pauvreté ne peut qu'empirer si la croissance économique ne va pas de pair avec la croissance démographique.

Rich countries need to increase the amount of aid given to poor nations. The agreed target is 0.7% of GDP.

Il faut que les pays riches augmentent le montant de leur aide aux pays pauvres. L'objectif sur lequel ils sont tombés d'accord est 0, 7% de leur PNB.

The US is the most generous donor in volume terms. As a proportion of GDP, however, this is only 0.16%.

Les Etats-Unis sont le donateur le plus généreux en termes de volume, mais ce qu'ils donnent ne représente que 0, 16% de leur PNB.

Poverty-reduction strategies in the developing world must prioritise clean water and adequate sanitation.

Les programmes de lutte contre la pauvreté dans les pays en développement doivent donner la priorité à l'eau propre et à des installations sanitaires décentes.

The agreement to cancel the debts owed by 18 of the world's poorest countries is a mighty step forward but it is not enough.

L' accord conclu pour annuler les dettes de 18 des pays les plus pauvres du monde est un très grand pas en avant mais ce n'est pas suffisant.

There is still a long way to go before global poverty is eradicated.

Il reste encore beaucoup de chemin à parcourir avant que la pauvreté ne soit éradiquée.

More than 10m children under five die each year from preventable diseases and about 120m children never go to school.

Plus de 10 millions d'enfants de moins de 5 ans meurent chaque année de maladies évitables et quelque 120 millions d'enfants ne vont jamais à l'école.

Concerted action is required more than ever to alleviate poverty.

Une action d'ensemble est plus que jamais nécessaire pour réduire la pauvreté.

3. FAMINE
LA FAMINE

hunger / starvation	*la faim, la famine*
world hunger / world famine	*la faim dans le monde*
to be hungry	*avoir faim*
to go hungry	*ne pas manger à sa faim*
malnutrition / undernourishment	*la malnutrition*
malnourished / undernourished / underfed	*sous-alimenté*
to be underweight	*avoir un poids insuffisant*
to die of hunger / to die from hunger	*mourir de faim*
to die of starvation / to starve to death	*mourir de faim*
starving children / famished children	*des enfants affamés*
emaciated children	*des enfants décharnés*
to lack food / to be short of food	*manquer de nourriture*
the lack of food	*le manque de nourriture*
the food scarcity / the food shortage	*la pénurie de nourriture*
to struggle for food	*lutter pour se nourrir*
to scavenge for food	*faire les poubelles pour se nourrir*
nutritional deficiencies	*les carences alimentaires*
vitamin C deficiency	*la carence en vitamine C*
the food situation	*la situation alimentaire*
the food crisis	*la crise alimentaire*
to feed	*nourrir*
severe famine / widespread famine	*une famine étendue*
a biblical famine	*une famine sans précédent*
to be facing famine	*être confronté à la famine*
a famine area	*une région frappée par la famine*
the World Food Summit	*le Sommet mondial sur la faim*
the World Food Programme	*le Programme alimentaire mondial*
food relief / famine relief / food aid	*l'aide alimentaire*
emergency food aid	*l'aide alimentaire d'urgence*
a charity	*une organisation caritative*
an NGO	*une ONG*
humanitarian aid	*l'aide humanitaire*
a volunteer	*un bénévole*
to airdrop food supplies	*larguer des vivres*
to distribute food	*distribuer de la nourriture*
a donor country	*un pays donateur*
to raise funds for	*collecter des fonds au profit de*
foodstuffs	*des denrées alimentaires*

LES MOTS AU SERVICE DES IDEES

Across the world more than 800 million people are chronically malnourished.

Plus de 800 millions de personnes dans le monde souffrent de malnutrition chronique.

Even in the United States, the land of the fat, nearly 30 million people do not have enough to eat.

Même aux Etats-Unis, le pays des obèses, près de 30 millions de personnes ne mangent pas à leur faim.

There will be more than two billion extra mouths to feed within 30 years.

Il y aura plus de 2 milliards de bouches supplémentaires à nourrir dans moins de 30 ans.

The global food situation has scarcely improved since world leaders pledged to halve the proportion of hungry people by 2015.

La situation alimentaire mondiale ne s'est guère améliorée depuis que les leaders mondiaux ont promis de diviser par deux d'ici 2015 le nombre de ceux qui ont faim.

All too often politicians do no more than pay lip service to the need to eradicate world hunger and they don't match words with action.

Bien trop souvent les hommes politiques se contentent de parler de la nécessité d'éradiquer la faim dans le monde et leurs paroles ne sont pas suivies d'effet.

It is time world leaders put their money where their mouths are.

Il est temps que les leaders mondiaux passent aux actes.

Rice is the staple food of more than half the world's population.

Le riz est la denrée de base de plus de la moitié de la population mondiale.

The distribution of famine relief often trickles in where it is most needed.

La distribution d'aide alimentaire arrive souvent au compte-gouttes là où les gens en ont le plus besoin.

Famine stalked Ethiopia in 1984 and slew 1m people.

La famine qui a régné en Ethiopie en 1984 a exterminé un million de personnes.

Famine is rampant in Niger and wreaks havoc on the population.

La famine sévit au Niger et cause des ravages au sein de la population.

In countries like Zambia and Zimbabwe, famine is often due to drought but also to chronic misgovernance.

Dans des pays tels que la Zambie et le Zimbabwe, la famine est souvent due à la sécheresse mais aussi à une incompétence gouvernementale chronique.

Is it acceptable at the beginning of the 21st century that some people eat the bark and roots of trees to survive?

Est-il acceptable au début du 21e siècle que des gens mangent de l'écorce et des racines d'arbres pour survivre ?

A hungry man, an angry man. (proverb)

Ventre affamé n'a point d'oreilles.

4. THE HOMELESS
LES SANS-ABRI

homelessness	*le fait d'être sans-abri*
to have no fixed abode	*ne pas avoir de domicile fixe*
to be homeless / to be down-and-out	*être sans abri*
a homeless person / a down-and-out / a dosser	*un sans-abri, un SDF*
2 million homeless / the number of homeless	*2 millions de sans-abri / le nombre de sans-abri*
to wander about aimlessly	*errer sans but*
a vagabond / a vagrant / a wanderer	*un vagabond*
vagrancy	*le vagabondage*
begging (GB) / panhandling (US)	*la mendicité*
a beggar (GB) / a panhandler (US)	*un mendiant*
to beg (GB) / to panhandle (US)	*mendier, tendre la main*
to live on handouts	*vivre de la charité des autres*
a tramp (GB)	*un clochard*
a bum / a hobo (US)	*un clochard*
a bag lady	*une clocharde*
destitution	*la clochardisation, le dénuement*
to be reduced to destitution	*se clochardiser*
to be forced into the streets	*être condamné à vivre dans la rue*
street people	*les sans-abri*
to live on the streets	*vivre dans la rue*
to sleep in the streets	*dormir dans la rue*
to sleep rough	*dormir à la dure*
a rough sleeper	*quelqu'un qui dort à la dure*
to bed down for the night	*s'installer pour la nuit*
to sleep in an underground corridor	*dormir dans un couloir du métro*
a cardboard box	*un carton*
an air-vent	*une bouche d'aération*
a sleeping bag	*un sac de couchage*
to squat / a squatter	*squatter / un squatter*
to stay clean	*rester propre*
to fight off the cold	*lutter contre le froid*
to take to drinking	*se mettre à boire*
a homeless shelter	*un centre d'accueil pour sans-abri*
to assist the homeless	*venir en aide aux sans-abri*
a charity	*une association caritative*
a voluntary organisation	*une association de bénévoles*
a soup kitchen	*une soupe populaire*
benefit (GB) / welfare (US)	*l'aide sociale*

LES MOTS AU SERVICE DES IDEES

Homelessness is on the rise in many European countries.

Il y a de plus en plus de sans-abri dans de nombreux pays européens.

Increasing numbers of young people have no roof over their heads.

De plus en plus de jeunes n'ont pas de toit.

Like many homeless people, he hopes to get back on his feet by selling magazines on the streets.

Comme de nombreux SDF, il espère repartir du bon pied en vendant des magazines dans les rues.

When he lost his job, his wife kicked him out of the house and he joined the ranks of the homeless.

Lorsqu'il s'est retrouvé sans emploi, sa femme l'a mis à la porte et il est allé grossir les rangs des SDF.

He was rejected by his family and ended up in the street with just his dog for company.

Il a été rejeté par sa famille et s'est retrouvé à la rue avec son chien pour seule compagnie.

Homelessness is the end of the line in a series of personal disasters.

Se retrouver à la rue, c'est l'ultime catastrophe d'une série de graves problèmes personnels.

Homeless people are usually people whose lives have been ruined by the loss of their job, debts, ill luck or illness.

Les sans-abri sont généralement des gens dont la vie a été ruinée par la perte de leur emploi, par des dettes, la malchance ou la maladie.

Some scavenge for food in restaurant dustbins.

Certains font les poubelles des restaurants pour trouver de la nourriture.

The law of the jungle is the rule in the street where it is only a matter of time before a dosser is beaten, robbed or raped.

C'est la loi de la jungle qui domine dans la rue où ce n'est qu'une question de temps avant qu'un SDF ne soit battu, volé ou violé.

Meeting other people's gaze and coping with loneliness are only some of the difficulties homeless people have to put up with every day.

Affronter le regard des autres et faire face à la solitude ne sont que certaines des difficultés dont les sans-abri doivent s'accommoder tous les jours.

It is the duty of Western governments to help the homeless get off the streets.

C'est le devoir des gouvernements occidentaux d'aider les sans-abri à s'en sortir.

The authorities seem to care about the fate of the homeless only when there is a cold spell.

Les autorités ne semblent se préoccuper du sort des sans-abri que lorsqu'il y a une vague de froid.

5. IMMIGRATION
L'IMMIGRATION

to immigrate / an immigrant	*immigrer / un immigré*
to emigrate / to migrate to the USA	*émigrer aux USA*
to be attracted to a country	*être attiré par un pays*
a would-be immigrant	*un candidat à l'immigration*
to push sb to emigrate	*pousser qqn à émigrer*
to flee a country, a regime	*fuir un pays, un régime*
to escape poverty	*échapper à la pauvreté*
to seek refuge from the war	*chercher à fuir la guerre*
to seek political asylum	*chercher l'asile politique*
to be in search of a better life	*chercher une vie meilleure*
the lure of well-paid jobs	*l'attrait d'emplois bien rémunérés*
to look for higher wages	*chercher des salaires plus élevés*
to make a fortune	*faire fortune*
to break with the past	*rompre avec le passé*
to start from scratch	*partir de rien*
to start anew	*prendre un nouveau départ*
to be faced with / to be confronted with difficulties	*être confronté à des difficultés*
to be exploited	*être exploité*
a sweatshop	*un atelier clandestin*
to overcome obstacles	*surmonter les obstacles*
the language barrier	*la barrière de la langue*
to integrate	*s'intégrer*
an immigration policy	*une politique d'immigration*
to seal one's borders	*fermer ses frontières*
to stem the flow of immigrants	*endiguer le flot des immigrés*
to impose quotas	*imposer des quotas*
to be turned away at the border	*être refoulé à la frontière*
to tighten border controls	*renforcer les contrôles aux frontières*
to be expelled from a country	*être expulsé d'un pays*
illegal immigration	*l'immigration clandestine*
an illegal immigrant / an illegal	*un immigré clandestin*
an illegal alien	*un étranger clandestin*
a stowaway	*un passager clandestin*
a guest worker / a migrant worker	*un travailleur immigré*
the undocumented	*les sans-papiers*
a smuggler	*un passeur*
a fake passport	*un faux passeport*
to crack down on illegal immigration	*réprimer l'immigration clandestine*

LES MOTS AU SERVICE DES IDEES

Immigrants are often prepared to risk their lives because they are convinced that the grass is greener on the other side.

Les immigrés sont souvent prêts à risquer leur vie car ils sont convaincus qu'ils seront plus heureux ailleurs.

With so many people desperate to come to Western Europe, the people-smuggling business is booming.

Vu le grand nombre de personnes qui veulent à tout prix émigrer en Europe de l'Ouest, les passeurs font fortune.

Every day an average of 4 000 people attempt illegally to cross the US-Mexico border.

Chaque jour, 4000 personnes en moyenne essaient de franchir clandestinement la frontière américano-mexicaine.

Mexican workers will risk dehydration and death in the Arizona desert to find a job in the US.

Les travailleurs mexicains sont prêts à risquer la déshydratation et la mort dans le désert de l'Arizona pour trouver un travail aux Etats-Unis.

There are currently thought to be 11 million undocumented migrants living in the US.

On estime actuellement à 11 millions le nombre d'immigrés sans papiers qui vivent aux Etats-Unis.

America has always been looked upon as a promised land but what immigrants find there sometimes falls short of their expectations.

L'Amérique a toujours été considérée comme une terre promise mais ce que les immigrés y trouvent ne correspond pas toujours à leurs attentes.

Many East Europeans try to sneak into Britain every year.

Tous les ans, de nombreux Européens de l'Est essaient d'entrer clandestinement en Grande-Bretagne.

Illegal workers often do the dirty work that many Europeans now shun.

Les travailleurs clandestins font souvent le sale boulot qui rebute maintenant de nombreux Européens.

British economists argue that immigration can help offset the impact of an ageing population.

Les économistes britanniques affirment que l'immigration peut contribuer à compenser les conséquences du vieillissement de la population.

Some say that immigrants push native-born workers out of jobs but economists have found that those fears were not justified.

Certains disent que les immigrés prennent la place des travailleurs nationaux mais les économistes ont montré que ces craintes n'étaient pas fondées.

Immigration is likely to remain a highly controversial issue in the coming years.

L'immigration restera sans doute un sujet très controversé dans les années à venir.

6. TERRORISM
LE TERRORISME

a terrorist	*un terroriste*
a terrorist attack	*un attentat*
a terrorist group	*un groupe terroriste*
a terrorist organisation	*une organisation terroriste*
a terrorist cell	*une cellule terroriste*
an act of terrorism	*un acte de terrorisme*
to plant a bomb	*poser une bombe*
to detonate a bomb	*faire exploser une bombe*
a bomb attack	*une attaque à la bombe*
a wave of bombings	*une vague d'attentats*
a bomb scare	*une alerte à la bombe*
a bomb threat	*une menace d'attentat*
a bomb hoax	*une fausse alerte (à la bombe)*
a car bomb	*une voiture piégée*
a letter bomb / a parcel bomb	*une lettre piégée / un colis piégé*
a bomber	*un poseur de bombes*
a suicide bomber	*un kamikaze*
a suicide bombing	*une attaque kamikaze*
to blow up a plane	*faire sauter un avion*
to hijack / to skyjack a plane	*détourner un avion*
a hijacker / a skyjacker	*un pirate de l'air*
a plane hijacking	*un détournement d'avion*
a hostage	*un otage*
to be taken hostage	*être pris en otage*
to kill innocent people	*tuer des innocents*
to combat / to fight terrorism	*combattre le terrorisme*
to eradicate / to wipe out terrorism	*éradiquer le terrorisme*
an anti-terrorist campaign	*une campagne anti-terroriste*
the war on terror / against terror	*la lutte contre le terrorisme*
to tighten security	*renforcer la sécurité*
to act in the name of Islam	*agir au nom de l'Islam*
an Islamic militant	*un militant islamiste*
a fundamentalist	*un intégriste, un fondamentaliste*
a fanatic / a zealot	*un fanatique*
an extremist	*un extrémiste*
to claim responsibility for an attack	*revendiquer un attentat*
to live with fear	*vivre avec la peur*
the plague of terrorism	*le fléau du terrorisme*
9/11	*le 11 septembre*

LES MOTS AU SERVICE DES IDEES

On September 11th, 2001, three US planes hijacked by terrorists crashed into the World Trade Center and the Pentagon, killing about 3,000 people.

Le 11 septembre 2001, trois avions américains détournés par des terroristes se sont écrasés sur le World Trade Center et le Pentagone, faisant près de 3 000 morts.

There is no justification for terrorism, no matter what motivates the terrorists.

Rien ne justifie le terrorisme, quels que soient les motifs des terroristes.

Terrorists would have to hijack 50 planes a year and kill everyone aboard before flying became more dangerous than driving.

Il faudrait que les terroristes détournent 50 avions par an et tuent tout le monde à bord avant que l'avion devienne plus dangereux que la voiture.

Who knows what lies inside the minds of the bombers?

Qui sait ce qu'il y a dans la tête des poseurs de bombes ?

The terrorists said they carried out the attacks in London in retaliation for Britain's involvement in Iraq and Afghanistan.

Les terroristes ont dit qu'ils avaient perpétré les attentats de Londres en représailles à l'engagement de la Grande-Bretagne en Irak et en Afghanistan.

America is a threat to the terrorists because it gives hope to the oppressed people of the undemocratic countries from which they come.

L'Amérique est une menace pour les terroristes car elle donne de l'espoir aux opprimés qui vivent dans les pays non-démocratiques d'où ils viennent.

The purpose of destroying the Twin Towers was primarily to scare the US.

La destruction des Tours Jumelles avait essentiellement pour but de faire peur aux Etats-Unis.

The terrorists believe they are involved in a war between right and wrong, faith and falsehood, civilisation and barbarity.

Les terroristes croient qu'ils sont engagés dans une guerre entre le bien et le mal, la foi et le mensonge, la civilisation et la barbarie.

They believe all tactics are justified in the struggle to defend their beliefs.

Ils croient que leur lutte pour défendre leurs croyances justifie toutes les tactiques.

Some say that gross inequalities in the world are the root cause of terrorism.

Certains disent que les inégalités criantes dans le monde sont la cause principale du terrorisme.

If terrorism is to be ended, men will have to get to know each other better.

Pour que le terrorisme cesse, les hommes devront apprendre à mieux se connaître.

If we manage to eradicate famine, poverty, illiteracy, ill-health and injustice, terrorism will have little chance to flourish.

Si nous parvenons à éradiquer la famine, la pauvreté, l'analphabétisme, la maladie et l'injustice, le terrorisme aura peu de chances de prospérer.

7. RACISM
LE RACISME

racial discrimination	*la discrimination raciale*
the colour bar (GB) / the color line (US)	*la discrimination raciale*
(incitement to) racial hatred	*(incitation à) la haine raciale*
to do sth out of hatred	*faire qqch par haine*
racial segregation	*la ségrégation raciale*
racial prejudice / colour prejudice / racial bias	*les préjugés raciaux*
racial harassment	*le harcèlement racial*
racial tension	*les tensions raciales*
a racial attack / a racist attack	*une attaque raciste*
racial violence / racist violence	*la / les violence(s) raciste(s)*
a racist	*un raciste*
racist remarks	*des remarques racistes*
racist taunts	*des provocations racistes*
a racist slur	*une insulte raciste*
to advocate racism	*prôner le racisme*
to be discriminated against	*être victime de discrimination*
racially discriminatory laws	*des lois racistes*
to discriminate against sb	*faire preuve de discrimination envers qqn*
the fight against racism	*la lutte contre le racisme*
anti-Semitism / an anti-Semite	*l'antisémitisme / un antisémite*
an anti-Semitic remark	*une remarque antisémite*
a Jew	*un Juif*
to desecrate a grave	*profaner une tombe*
the desecration of a cemetery	*la profanation d'un cimetière*
a black / 2 blacks	*un Noir / 2 Noirs*
an Afro-American	*un Afro-Américain*
the black problem in the USA	*le problème noir aux Etats-Unis*
black America / white America	*l'Amérique des Noirs / des Blancs*
a ghetto	*un ghetto*
ethnic minorities	*les minorités ethniques*
the end of apartheid	*la fin de l'apartheid*
racial integration / desegregation	*l'intégration raciale*
to integrate	*pratiquer la déségrégation raciale*
positive discrimination (GB) / affirmative action (US)	*la discrimination positive*
to fight for equality	*se battre pour l'égalité*
a multiracial society	*une société multiraciale*

"I have a dream that my four little children will one day live in a nation where they will not be judged by the color of their skin…" (Martin Luther King, Jr, 1963)

« Je rêve que mes quatre petits enfants habitent un jour dans un pays où ils ne seront pas jugés d'après la couleur de leur peau… » (Martin Luther King, Jr, 1963)

Blacks were segregated from whites in American schools until 1954.

Dans les écoles américaines, les Noirs ont été séparés des Blancs jusqu'en 1954.

It will be a long time before racial prejudice disappears in a country where slavery existed for more than two centuries.

Les préjugés raciaux ne disparaîtront pas de sitôt dans un pays qui a connu l'esclavage pendant plus de deux siècles.

It is not unusual for the American police to beat up black people and get away with it.

Il n'est pas rare que la police américaine passe des Noirs à tabac sans être inquiétée.

In America the unemployment rate is much higher among black people than among white peole.

Le chômage aux Etats-Unis est beaucoup plus élevé chez les Noirs que chez les Blancs.

Quite a number of children suffer racial abuse in British schools.

Un nombre non négligeable d'enfants sont victimes de maltraitance raciale dans les écoles britanniques.

A series of vicious racist attacks has occurred in Britain over the last months.

Il y a eu une série d'attaques racistes cruelles en Grande-Bretagne au cours des derniers mois.

In France racism is still lurking in many places.

En France, le racisme continue à se dissimuler dans de nombreux endroits.

He was arrested because they didn't like the look of his face.

Il a été arrêté pour délit de faciès.

Everyone should have a right to a job, regardless of their race, sex or colour.

N'importe qui devrait avoir le droit d'avoir un emploi, quels que soient sa race, son sexe ou la couleur de sa peau.

An egalitarian society is one in which people are treated on the basis of their abilities and effort, not colour or creed.

Une société égalitaire est une société dans laquelle les gens sont traités selon leurs capacités et leurs efforts, non d'après la couleur de leur peau ou leurs croyances.

There is a need for tolerance and racial harmony.

Il y a un besoin de tolérance et d'harmonie raciale.

8. CHILD ABUSE
LA MALTRAITANCE DES ENFANTS

trafficking / trading in children	*le commerce des enfants*
a child trafficker	*un trafiquant d'enfants*
to fall victim to traffickers	*être victime de trafiquants*
to fall into the hands of	*tomber entre les mains de*
to be abused / to be maltreated	*être maltraité*
sexual slavery	*l'esclavage sexuel*
the child sex industry	*le commerce à caractère pédophile*
sex tourism	*le tourisme sexuel*
child sex rings	*des réseaux pédophiles*
child prostitution	*la prostitution des enfants*
child prostitutes	*des enfants qui se prostituent*
a child sex slave	*un enfant victime de l'esclavage sexuel*
paedophilia / a paedophile	*la pédophilie / un pédophile*
to crack down on	*sévir contre*
child slavery	*l'esclavage des enfants*
child labour	*le travail des enfants*
a child worker / a child labourer	*un enfant qu'on fait travailler*
cheap labour	*la main d'œuvre bon marché*
the children's plight	*la situation critique des enfants*
bonded labour	*la servitude pour dette*
a child soldier	*un enfant soldat*
to be bought from one's family	*être acheté à sa famille*
to abduct / to kidnap a child	*enlever un enfant*
to batter a child	*frapper un enfant*
to rape	*violer*
to torture	*torturer*
a sweatshop	*un atelier clandestin*
a middleman	*un intermédiaire*
a brothel	*un bordel*
a child abuser	*un auteur de sévices sur enfants*
a child welfare group	*une association de protection de l'enfance*
the Rights of the Child	*les droits de l'enfant*
to suffer neglect	*souffrir de négligence*
to protect children	*protéger les enfants*
to rescue children	*libérer les enfants*
to improve children's lives	*améliorer la vie des enfants*
the International Labour Organisation	*l'Organisation internationale du travail*

LES MOTS AU SERVICE DES IDEES

Sex tourism is the world's most sickening trade. It is rapidly becoming a global scourge.

Le tourisme sexuel est le commerce le plus répugnant qui soit. Il est en train de devenir très vite un fléau mondial.

In West Africa children from poor countries are often sold to work in the homes of the rich.

En Afrique occidentale, les enfants des pays pauvres sont souvent vendus pour travailler chez les riches.

Tracing the children's parents often turns out to be very difficult.

Retrouver la trace des parents des enfants s'avère souvent très difficile.

Child prostitution is rife in countries like Senegal and Gabon.

La prostitution des enfants est très répandue dans des pays tels que le Gabon et le Sénégal

Endemic corruption often allows paedophiles to buy their way out of trouble by bribing police or judges.

Une corruption endémique permet souvent aux pédophiles d'acheter la police ou les juges pour ne pas avoir d'ennuis.

Thousands of West African children are being traded in Britain as domestic slaves.

Des milliers d'enfants originaires d'Afrique occidentale sont vendus en Grande-Bretagne comme esclaves domestiques.

Africa has the highest rate of child labour in the world : 41% of 5-to-14 year-olds work in appalling conditions.

L'Afrique est l'endroit du monde où il y a le plus d'enfants qui travaillent : 41% des enfants âgés de 5 à 14 ans travaillent dans des conditions abominables.

The British government has at last revealed plans to reform the child-care system.

Le gouvernement britannique vient enfin de rendre publics des plans de réforme du système de protection de l'enfance.

Hundreds of thousands of teenage girls, and others as young as five, fall victim to the sex trade every year.

Des centaines de milliers d'adolescentes, et d'autres qui n'ont pas plus de cinq ans, sont victimes du commerce sexuel tous les ans.

The trade in children for any purpose must not be allowed to thrive in our time.

De nos jours, on ne doit pas laisser prospérer le commerce des enfants, quel que soit son but.

It is time we stopped turning a blind eye to the problem and we helped the children who suffer all over the world.

Il est temps que nous arrêtions de fermer les yeux sur le problème et que nous aidions les enfants qui souffrent partout dans le monde.

9. WOMEN'S MALTREATMENT
LA MALTRAITANCE DES FEMMES

to violate women's rights	*bafouer les droits de la femme*
to be maltreated	*être maltraitée*
to be abused	*être victime de maltraitance*
to be victimized	*être victime de persécution*
domestic violence	*la violence conjugale*
to be raped	*être violée*
a rape victim	*la victime d'un viol*
a gang rape	*un viol collectif, une tournante*
a rapist	*un violeur*
sexual abuse	*des sévices sexuels*
to be sexually abused	*être victime de sévices sexuels*
to commit marital rape	*violer son épouse*
a battered woman	*une femme battue*
a forced marriage	*un mariage forcé*
stoning / to be stoned	*la lapidation / être lapidée*
a veiled woman	*une femme voilée*
an honour killing	*un crime d'honneur*
female circumcision / excision	*l'excision*
to be circumcised	*être excisée*
female genital mutilation / FGM	*les mutilations génitales féminines*
an ancestral tradition	*une tradition ancestrale*
a barbaric practice	*une pratique barbare*
discriminatory laws	*des lois discriminatoires*
to be discriminated against	*être victime de discrimination*
to be exploited	*être exploitée*
the sexual exploitation of women	*l'exploitation sexuelle des femmes*
sex tourism	*le tourisme sexuel*
abusive treatment	*des sévices*
to be forced to work excessive hours	*être contrainte de travailler démesurément*
to be confined	*être enfermée*
to be held in slave-like conditions	*être pratiquement asservie*
trafficking in women	*le trafic des femmes*
domestic slavery	*l'esclavage domestique*
a prostitute / a sex worker	*une prostituée*
sexual harassment	*le harcèlement sexuel*
to be sexually harassed	*être harcelée sexuellement*
a sex object	*un objet sexuel*
sex / sexual discrimination	*la discrimination sexuelle*
to fight back	*résister, se rebiffer*

LES MOTS AU SERVICE DES IDEES

Violence against women challenges the idea that all human beings are equal in value and dignity.

La violence envers les femmes remet en cause l'idée que tous les êtres humains ont la même valeur et la même dignité.

Domestic violence respects no social boundaries.

La violence conjugale ne connaît pas de frontières sociales.

Most sex abusers are to be found in the family itself.

La plupart des auteurs de sévices sexuels font partie du cercle familial.

Men who batter women are often well integrated into society.

Les hommes qui battent les femmes sont souvent bien intégrés dans la société.

Domestic violence must be classed as crime and the criminals punished.

La violence conjugale doit être considérée comme un délit et les coupables punis.

A woman often feels compelled to sacrifice herself for the family and is often prepared to accept the unacceptable.

Une femme se sent souvent obligée de se sacrifier pour la famille et est souvent prête à accepter l'inacceptable.

More than 4 million women are sold in the world each year and are the victims of domestic slavery.

Plus de 4 millions de femmes sont vendues dans le monde chaque année et sont victimes d'esclavage domestique.

Most of the prostitutes working in London have been trafficked into the country by criminal gangs.

La plupart des prostituées qui travaillent à Londres sont victimes de gangs qui les ont fait entrer clandestinement dans le pays.

It is high time to clamp down on sexual harassment at work.

Il est grand temps de réprimer le harcèlement sexuel au travail.

Nobel Peace Prize winner Shirin Ebadi sees the Islamic headscarf as a low priority among a long list of women's grievances.

La lauréate du prix Nobel de la paix Shirin Ebadi pense que le foulard islamique est loin d'être la première priorité sur la longue liste de doléances des femmes.

In Saudi Arabia, the slightest patch of flesh must remain covered, reducing women to formless, uniform shadows.

En Arabie Saoudite, le plus petit morceau de chair doit rester couvert, ce qui réduit les femmes à des ombres informes et uniformes.

Woe to those who defy the Islamic dress code and break the law of silence.

Malheur à celles qui défient le code vestimentaire islamique et rompent la loi du silence.

In Iran, female graduates are making inroads as lawyers, doctors and managers.

En Iran, les femmes diplômées arrivent maintenant à devenir avocates, doctoresses et chefs d'entreprise.

10. EQUALITY OF THE SEXES
L'EGALITE DES SEXES

women's liberation	*la libération de la femme*
equality between men and women / gender equality	*l'égalité entre les hommes et les femmes*
the status of women	*le statut des femmes*
a patriarchal society	*une société patriarcale*
sexism in the workplace	*le sexisme sur le lieu de travail*
a sexist	*un sexiste*
sexist attitudes	*des comportements sexistes*
a male chauvinist (pig)	*un phallocrate*
a sex object	*un objet sexuel*
a woman hater / a misogynist	*un misogyne*
to fill the gender gap	*combler le fossé hommes-femmes*
feminism / a feminist	*le féminisme / une féministe*
a women's rights activist	*un défenseur du droit des femmes*
equality of opportunity / equal opportunities	*l'égalité des chances*
to be on an equal footing with sb	*être sur un pied d'égalité avec qqn*
to achieve full equality	*parvenir à l'égalité totale*
the Equal Pay Act	*la loi sur l'égalité des salaires*
to get equal pay	*avoir un salaire égal*
wage disparities	*des disparités salariales*
the pay gap	*les écarts de salaires*
female wages	*les salaires des femmes*
to lag behind	*être à la traîne (les salaires)*
a male preserve	*une chasse gardée des hommes*
to be judged on merit	*être jugé au mérite*
to compete with men	*rivaliser avec les hommes*
to make the grade	*être à la hauteur*
to get on with men	*s'entendre avec les hommes*
the right to vote	*le droit de vote*
to take part in political life	*participer à la vie politique*
to get ahead in politics	*progresser en politique*
gender equality in politics	*la parité hommes-femmes*
participation in decision-making	*la participation aux décisions*
a male-dominated profession	*une profession essentiellement masculine*
the double day of women	*la double journée des femmes*
women's second shift	*la deuxième journée des femmes*
to help out with	*donner un coup de main*
to pitch in	*mettre la main à la pâte*

LES MOTS AU SERVICE DES IDEES

Is now a better time to be a woman than fifty years ago?

Les femmes sont-elles mieux loties aujourd'hui qu'il y a cinquante ans ?

The days when women of a certain age were expected to fade into the wallpaper are no more than a memory.

L'époque où on demandait aux femmes d'un certain âge de se fondre avec la tapisserie n'est plus qu'un vieux souvenir.

Gone are the days when women were said to have reached their sell-by date at the age of forty.

Il est révolu le temps où on disait que les femmes n'étaient plus bonnes à rien dès qu'elles avaient 40 ans.

Almost half the labour force is female.

Près de la moitié de la main-d'œuvre est féminine.

Women continue to bump their heads on glass ceilings in the workplace.

Au travail, les femmes continuent à ne pas pouvoir occuper certains postes élevés.

Women on average earn only about 70 % as much as men.

Les femmes ne gagnent en moyenne que 70% de ce que les hommes gagnent.

European women are making more headway in government than in the business world where less than 5 % of CEOs are women.

Les Européennes progressent plus dans les gouvernements que dans le monde des affaires où moins de 5% des PDG sont des femmes.

Despite a slight shift in attitude towards women, they are still regarded as second-class citizens in many countries.

Malgré un léger changement d'attitude envers les femmes, elles continuent à être considérées comme des citoyennes de seconde zone dans de nombreux pays.

Kuwait is the only country left in the world where women are still denied the vote.

Le Koweït est le seul pays au monde où les femmes n'ont toujours pas le droit de vote.

Having it all—career, husband, children, a life—turns out to be impossible when men don't do their share of the housework.

Tout avoir (une carrière, un mari, des enfants et une vie personnelle) s'avère impossible quand les hommes ne font pas leur part des tâches ménagères.

Women have come a long way, but they still have a long way to go.

Les femmes ont fait beaucoup de chemin, mais il leur en reste encore beaucoup à parcourir.

Men would be all the better for it if gender equality became a reality in all fields.

Les hommes ne s'en porteraient que mieux si l'égalité des sexes devenait une réalité dans tous les domaines.

Full equality will have been achieved when we elect a woman president.

On aura atteint l'égalité totale quand nous élirons une femme présidente.

11. ABORTION
L'AVORTEMENT

to be pregnant / to get pregnant	*être enceinte / tomber enceinte*
to be two months pregnant	*être enceinte de deux mois*
to be expecting (a baby)	*attendre un enfant*
pregnancy	*la grossesse*
a pregnancy test	*un test de grossesse*
teenage pregnancy	*la grossesse des adolescentes*
the termination of pregnancy	*l'IVG*
to have an abortion / to abort	*se faire avorter*
a backstreet abortion	*un avortement clandestin*
an abortionist	*un avorteur*
a botched abortion	*un avortement bâclé*
an abortion clinic	*un centre d'orthogénie*
the morning-after pill	*la pilule du lendemain*
abortion for medical reasons	*l'avortement thérapeutique*
a late-term abortion	*un avortement tardif*
to legalise abortion	*légaliser l'avortement*
an abortion act	*une loi sur l'avortement*
to perform an abortion	*pratiquer un avortement*
to be pro-life	*être contre l'avortement*
to be pro-choice	*être pour l'avortement*
to be anti-choice	*être contre la liberté de choix*
a pro-lifer / a pro-life activist / an anti-abortionist	*un adversaire de l'avortement*
a pro-choicer / a pro-choice activist	*un partisan de l'avortement*
an abortion rights rally	*une manifestation pour le droit à l'avortement*
the right to life / to abortion	*le droit à la vie / à l'avortement*
freedom of choice	*la liberté de choix*
an embryo	*un embryon*
the moment of conception	*l'instant de la conception*
to ban abortion	*interdire l'avortement*
women's rights	*les droits des femmes*
to have a say in the matter	*avoir voix au chapitre*
to have the final say	*être celle qui décide*
to control one's own body	*être maître de son corps*
parental consent	*le consentement parental*
to be raped	*être violée*
a rape victim	*la victime d'un viol*
a foetal abnormality	*une malformation fœtale*

LES MOTS AU SERVICE DES IDEES

In Britain and the United States most unwanted pregnancies concern teenage girls

En Grande-Bretagne et aux Etats-Unis, la plupart des grossesses non désirées concernent les adolescentes.

Most abortions could be prevented with better contraception.

La plupart des avortements pourraient être évités avec une meilleure contraception.

The abortion pill RU-486 allows women to terminate a pregnancy at home.

La pilule abortive RU-486 permet à une femme de mettre fin à une grossesse à domicile.

It's every woman's right to choose.

Chaque femme a le droit de choisir.

Recent polls reveal that 61 percent of Americans favour limitations on the abortion licence.

De récents sondages montrent que 61 pour cent des Américains sont partisans de limiter le droit à l'avortement.

More than 35% of Americans think that abortion should be permitted only in case of rape, of incest or to safeguard the life of the mother.

Plus de 35 % des Américains pensent que l'avortement ne devrait être autorisé qu'en cas de viol, d'inceste ou pour protéger la vie de la mère.

« We cannot let them take over our bodies, » said one of the hundreds of thousands of abortion rights activists in Washington D.C.

« Nous voulons rester maîtres de notre corps », a dit l'une des centaines de milliers de partisans du droit à l'avortement à Washington.

In Ireland abortion continues to be illegal and women are forced to travel abroad to terminate a pregnancy.

En Irlande, l'avortement continue à être illégal et les femmes sont obligées d'aller à l'étranger pour mettre un terme à leur grossesse.

Some people still think that abortion is equivalent to a killing.

Certains continuent à penser que l'avortement équivaut à un assassinat.

Pro-choicers believe that control over their fertility is an essential part of individual freedom.

Les partisans de l'avortement pensent que maîtriser sa fécondité est une partie essentielle de la liberté individuelle.

Partial-birth abortion—the fœtus is partially delivered and the skull is pierced with a sharp object—has been outlawed by Congress.

L'avortement par naissance partielle (on extrait partiellement le fœtus et le crâne est percé avec un objet pointu) a été interdit par le Congrès.

Partial-birth abortion was usually carried out only when the foetus was severely deformed or when the mother's life was in danger.

L'avortement par naissance partielle n'était en général pratiqué qu'en cas de malformation fœtale grave ou quand la vie de la mère était en danger.

12. STAY-AT-HOME WOMEN
LES FEMMES AU FOYER

to get married	*se marier*
to give birth	*accoucher*
to breastfeed a baby	*allaiter un bébé*
a feeding bottle	*un biberon*
a nappy (GB) / a diaper (US)	*une couche*
disposable nappies	*des couches jetables*
to bring up a child	*élever un enfant*
to look after the children	*s'occuper des enfants*
to devote one's life to the children	*consacrer sa vie aux enfants*
to do the cooking	*faire la cuisine*
to prepare the meals	*préparer les repas*
a refrigerator / a fridge	*un réfrigérateur*
a freezer	*un congélateur*
an oven / a microwave (oven)	*un four / un (four à) micro-ondes*
a cooker (GB) / a stove (US)	*une cuisinière (l'appareil)*
the sink	*l'évier*
to do the housework	*faire le ménage*
to do the cleaning	*faire le nettoyage*
to tidy the house	*ranger la maison*
to do the washing	*faire la lessive*
a washing machine	*un lave-linge*
to do the washing up	*faire la vaisselle*
a dishwasher	*un lave-vaisselle*
to do the ironing / to iron	*faire le repassage / repasser*
an iron	*un fer à repasser*
to do the hoovering	*passer l'aspirateur*
a vacuum cleaner	*un aspirateur*
to clean the windows	*nettoyer les carreaux*
a cloth	*un chiffon*
domestic / household appliances	*les appareils électroménagers*
to share the domestic chores	*partager les corvées ménagères*
household tasks	*les tâches ménagères*
to do a room	*faire une chambre*
to make a bed	*faire un lit*
to go shopping	*faire les courses*
to take the children to school	*emmener les enfants à l'école*
to pick up the children from school	*aller chercher les enfants à l'école*
to put the children to bed	*mettre les enfants au lit*
to be tied to the house	*être coincé à la maison*

LES MOTS AU SERVICE DES IDEES

Is woman's place the home ?

La place de la femme est-elle au foyer ?

A woman's work is never over, even when her husband helps her.

Le travail d'une femme n'est jamais fini, même lorsque son mari l'aide.

Although it is an exhausting task, most women enjoy actively looking after the children.

Bien que ce soit une tâche épuisante, la plupart des femmes aiment énormément s'occuper des enfants.

Some women find it unrewarding to stay at home all day.

Certaines femmes trouvent peu gratifiant de passer toute la journée à la maison.

For some women combining work and family is just too difficult.

Pour certaines femmes, concilier travail et vie de famille est tout simplement trop difficile.

Many young mothers get depressed when their world is limited to housework, babies and the weekly shopping jaunt.

Beaucoup de jeunes mères sont déprimées quand leur univers se limite au ménage, aux bébés et à la sortie hebdomadaire pour faire les courses.

When you spend your days tied to a checkout in a supermarket, bringing up your children can be much more satisfying.

Quand on passe ses journées derrière une caisse de supermarché, élever ses enfants peut être beaucoup plus satisfaisant.

The better the jobs women can get, the more likely they are to go out to work.

Plus les emplois que peuvent trouver les femmes sont intéressants, plus elles sont susceptibles d'en prendre un.

She intends to devote the next ten years to looking after her children.

Elle a l'intention de consacrer les dix prochaines années à s'occuper de ses enfants.

She sacrificed a promising career to look after her kids.

Elle a sacrifié une carrière prometteuse pour s'occuper de ses gosses.

She has felt somewhat trapped ever since she stopped working to bring up her twins.

Elle se sent quelque peu prisonnière depuis qu'elle a arrêté de travailler pour élever ses jumeaux.

She intended to go back to work as soon as her son was three months old but she eventually decided against it.

Elle avait l'intention de retourner travailler dès que son fils aurait trois mois mais elle a fini par changer d'avis.

Being a housewife seems to be a thing of the past. Conversely, there are more house husbands than there used to be.

Etre femme au foyer semble appartenir au passé. A l'inverse, il y a plus d'hommes au foyer que dans le temps.

13. WOMEN AND WORK
LES FEMMES ET LE TRAVAIL

modern woman	*la femme moderne*
a working woman / working mother	*une femme / mère qui travaille*
to flood / to pour into the job market	*envahir le marché du travail*
female employment	*l'emploi féminin*
to have a paid job	*avoir un emploi rémunéré*
to take up a career	*embrasser une carrière*
a full time job	*un emploi à plein temps*
a part time job	*un emploi à mi temps*
to work full time / part time	*travailler à plein temps / à mi temps*
a part-timer	*un travailleur à temps partiel*
maternity leave	*les congés de maternité*
to take time off after a birth	*prendre un congé après une naissance*
a nanny	*une nourrice*
a creche (GB / a day care center (US)	*une crèche*
a nursery	*une garderie*
flexitime (GB) / flextime (US)	*l'aménagement du temps de travail*
to work child friendly hours	*avoir des horaires compatibles avec ceux des enfants*
to have school age children	*avoir des enfants en âge scolaire*
to be economically active	*avoir une activité professionnelle*
to be economically independent (of)	*être économiquement indépendante*
to achieve financial independence	*gagner l'indépendance financière*
to be dependent on one's husband	*dépendre de son mari*
to earn one's own money	*gagner son propre argent*
a dual-earner family	*une famille où il y a deux salaires*
to be a breadwinner	*être soutien de famille*
to make it to the top	*arriver au sommet, réussir*
to hold a top job	*occuper un poste à responsabilité*
to be up to the job / equal to the job	*être à la hauteur*
a career woman	*une carriériste*
to multitask	*être capable de mener plusieurs tâches de front*
multitasking	*la capacité à mener plusieurs tâches de front*
to combine / to balance work and family	*concilier travail et vie de famille*
to require stamina	*nécessiter de la résistance*
to be always on the run	*courir perpétuellement*
self-fulfilment / self- realization	*l'épanouissement personnel*

LES MOTS AU SERVICE DES IDEES

The traditional role of women as wives, mothers and homemakers ran out of steam in the early 60s.

Le rôle traditionnel des femmes comme épouses, mères et femmes d'intérieur s'est essoufflé au début des années 60.

The Pill allowed women an autonomy previously unknown.

La pilule a octroyé aux femmes une autonomie jamais connue auparavant.

Women today account for over 40% of the rich world's labour force.

Les femmes représentent aujourd'hui plus de 40 % de la main-d'œuvre des pays riches.

Having tasted the freedom of the workplace, women are unlikely to turn back.

Après avoir goûté la liberté de travailler hors de chez elles, il y a peu de chances que les femmes fassent machine arrière.

Nobody would ever think of sending women back to the stove today.

Aujourd'hui, personne ne songerait à renvoyer les femmes derrière leurs fourneaux.

It is hard trying to juggle a job with kids and the housework.

Ce n'est pas évident du tout de jongler entre travail, enfants et ménage.

Working enables women to leave themselves a way out in the increasingly likely event of a divorce.

Travailler permet aux femmes de protéger leurs arrières au cas où elles divorceraient, ce qui est de plus en plus fréquent.

Working women's biggest complaint is lack of time.

Ce dont les femmes qui travaillent se plaignent le plus, c'est du manque de temps.

What they lose in time, they gain in spending power.

Elles gagnent en pouvoir d'achat ce qu'elles perdent en temps.

Women now have access to careers that used to be a male preserve.

Les femmes ont maintenant accès à des carrières qui étaient jadis la chasse gardée des hommes.

The woman's earnings in dual-earner families often make the difference between just getting by and living comfortably.

Dans les familles où il y a deux salaires, ce que gagne la femme fait souvent la différence entre joindre les deux bouts et vivre confortablement.

The reality is that all too often women don't have the choice : they must work because their husbands simply don't earn enough money.

La réalité, c'est que bien trop souvent les femmes n'ont pas le choix : elles doivent travailler parce que leur mari ne gagne tout simplement pas assez.

For better, for worse, women are now wedded to the workplace.

Pour le meilleur et pour le pire, les femmes sont maintenant mariées avec leur lieu de travail.

14. FAMILY
LA FAMILLE

the nuclear family	*la famille nucléaire*
the parents	*les parents*
the children	*les enfants*
the father / the mother	*le père / la mère*
the husband / the wife	*le mari / la femme*
a son	*un fils*
a daughter	*une fille*
a large family	*une famille nombreuse*
a family of five	*une famille de 5 enfants*
a family member / a member of a family	*un membre de la famille*
family life	*la vie de famille, la vie familiale*
a close family / a close-knit family	*une famille très unie*
to start a family	*fonder un foyer*
children's upbringing	*l'éducation des enfants*
to bring up (GB) / to raise a child (US)	*élever un enfant*
the break-up of the family unit	*la rupture de la cellule familiale*
a single-parent family / a one-parent family	*une famille monoparentale*
an unmarried mother	*une mère célibataire*
to get engaged	*se fiancer*
marriage	*le mariage*
to go to a wedding	*aller à un mariage*
to get married to sb / to marry sb	*épouser qqn*
to tie the knot	*se mettre la corde au cou*
to be married to sb	*être marié à qqn*
to be single	*être célibataire*
married life	*la vie conjugale*
to get on / to get along well with sb	*bien s'entendre avec qqn*
to be living together / to cohabit	*vivre en concubinage*
cohabitation	*l'union libre, le concubinage*
a partner	*un compagnon, une compagne*
civil partnership	*l'union civile (en GB) ; le PACS (en France*
divorce	*le divorce*
to divorce / to get divorced	*divorcer*
to break up / to split up (with sb)	*rompre (avec qqn)*
to have custody of the children	*avoir la garde des enfants*
the generation gap	*le conflit des générations*

In France and in Britain, one in three marriages ends in divorce.

En France et en Grande-Bretagne, un mariage sur trois se termine par un divorce.

The divorce rate is even higher in big cities because communication between husband and wife is often very limited.

Le taux de divorce est encore plus élevé dans les grandes villes parce que la communication à l'intérieur du couple est souvent très limitée.

In today's society even couples who have been married for 30 years do not hesitate to cut the marital knot.

Dans la société d'aujourd'hui, même des couples mariés depuis 30 ans n'hésitent pas à rompre les liens du mariage.

Among the oft-cited explanations for the high divorce rate are urbanisation, individualism and the decline of religion.

Parmi les explications au taux de divorce élevé, on cite souvent l'urbanisation, l'individualisme et le déclin de la religion.

If people did not live only for themselves and were prepared to make compromises, lots of divorces would be avoided.

Si les gens ne vivaient pas que pour eux et étaient prêts à faire des compromis, de nombreux divorces pourraient être évités.

People should put their children first before splitting up.

Les gens devraient d'abord penser à leurs enfants avant de se séparer.

For a child the divorce of his parents is often traumatic.

Un enfant est souvent traumatisé par le divorce de ses parents.

Many problem children come from broken homes.

Beaucoup d'enfants à problèmes viennent de foyers désunis.

He has been paying his ex-wife alimony for ten years.

Il verse une pension alimentaire à son ex-femme depuis dix ans.

When husband and wife live in perfect harmony, the children are bound to benefit from it.

Lorsque mari et femme vivent en parfaite intelligence, les enfants ne peuvent qu'en bénéficier.

The age at which people get married has been rising steadily for thirty years.

L'âge auquel les gens se marient augmente régulièrement depuis trente ans.

More and more people do not see the point in getting married and prefer to cohabit.

De plus en plus de gens ne voient pas l'intérêt de se marier et préfèrent vivre en concubinage.

Fortunately, there are still many stories of couples who get married, have children and live happily ever after.

Heureusement, il y a encore de nombreuses histoires de couples qui se marient, ont des enfants et vivent heureux le restant de leurs jours.

15. DEPOPULATION
LA DENATALITE

the depopulation crisis	*la dénatalité, la crise de la natalité*
the fall in the birth rate	*la diminution des naissances*
a demographic crisis	*une crise démographique*
an unprecedented decline	*une baisse sans précédent*
to fall by / to decrease by / to shrink by (5%)	*baisser de, diminuer de (5 %)*
a fall in / a decrease in the Russian population	*une diminution de la population russe*
to fall sharply	*diminuer fortement*
to collapse / to slump	*s'effondrer*
to plummet / to plunge	*être en chute libre*
a birth dearth	*un nombre de naissances insuffisant*
the generation replacement rate	*le taux de remplacement des générations*
an ageing population	*une population vieillissante*
to delay giving birth	*avoir des enfants plus tard*
to pursue higher education	*faire des études supérieures*
to opt against giving birth	*décider de ne pas avoir d'enfants*
to be reluctant to have children	*hésiter à avoir des enfants*
to live for oneself	*vivre pour soi*
effective contraceptive devices	*des moyens de contraception efficaces*
to be incompatible with a career	*être incompatible avec une carrière*
the fear of unemployment	*la peur du chômage*
the fear of the future	*la peur de l'avenir*
to address the crisis	*s'attaquer à la crise*
a strong birth policy	*une politique nataliste volontaire*
to urge / to encourage people to have more babies	*inciter les gens à avoir plus d'enfants*
to take measures / to take steps	*prendre des mesures*
incentives	*des mesures incitatives*
to promote flexitime	*promouvoir l'aménagement du temps de travail*
to promote long-term employment	*promouvoir l'emploi à long terme*
early schooling	*la scolarisation précoce*
to set up childcare facilities	*bâtir des crèches*
tax breaks	*des réductions d'impôts*
longer maternity leave	*des congés de maternité plus longs*
to increase child benefit	*augmenter les allocations familiales*
maternity benefits / maternity pay	*les allocations (de) maternité*

LES MOTS AU SERVICE DES IDEES

A country that doesn't have children, that grows old, is a country without a future.

Un pays qui n'a pas d'enfants et qui vieillit est un pays sans avenir.

Ever since the advent of the pill, women have been able to have children by choice rather than by chance.

Depuis l'avènement de la pilule, les femmes peuvent faire des enfants volontairement plutôt qu'accidentellement.

The US is expected to be one of a handful of developed nations whose population will continue to rise strongly, largely through immigration.

Les Etats-Unis devraient être l'un des rares pays développés dont la population continuera à augmenter fortement, essentiellement en raison de l'immigration.

By 2050 Japan may have shrunk to roughly 100 million.

Il se pourrait que le Japon n'ait plus qu'environ 100 millions d'habitants d'ici 2050.

The fertility rate in Europe has dropped dramatically, particularly in Spain, Italy, Germany and Russia.

Le taux de fécondité en Europe a chuté de façon spectaculaire, particulièrement en Espagne, en Italie, en Allemagne et en Russie.

Russia is suffering a critical fall in population from harsh living standards and poor medical services.

La dénatalité atteint un seuil critique en Russie en raison de niveaux de vie très bas et de piètres services de santé.

Britain, Ireland, France and the Netherlands are faring relatively well with fertility rates above 1.7.

La Grande-Bretagne, l'Irlande, la France et les Pays-Bas s'en sortent plutôt bien avec des taux de fécondité supérieurs à 1,7.

Nowhere in the European Union does fertility approach 2.1, the level needed to keep the population stable.

Nulle part dans les pays de l'Union européenne la fécondité n'approche 2,1, le taux nécessaire pour que la population reste stable.

Fundamental changes in the role of women in society can account for their reluctance to have children.

Des changements fondamentaux dans le rôle des femmes dans la société peuvent expliquer pourquoi elles hésitent à avoir des enfants.

Europe's plummeting fertility rate is a time bomb, threatening economic growth and social welfare.

L'effondrement du taux de fécondité en Europe est une bombe à retardement qui menace la croissance économique et la protection sociale.

How can European governments try to get people to have more children?

Comment les gouvernements européens peuvent-ils essayer de convaincre les gens de faire plus d'enfants ?

16. DELINQUENCY AND CRIME
DELINQUANCE ET CRIMINALITE

a crime	*un délit*
crime / criminality	*les délits / la criminalité*
the crime rate	*le taux de criminalité*
urban violence	*la violence urbaine*
(juvenile) delinquency	*la délinquance (juvénile)*
a (teenage) delinquent	*un (jeune) délinquant*
a thug	*un loubard*
a yob / a yobbo	*un voyou*
verbal abuse	*la violence verbale*
aggressiveness	*l'agressivité*
a law-breaker / a criminal	*qqn qui transgresse la loi*
to break the law	*transgresser la loi*
a murder	*un meurtre*
violent crime	*les délits avec violence*
white-collar crime	*les délits financiers*
petty crime	*la petite délinquance*
a misdemeanour	*un délit mineur*
to turn to crime	*basculer dans la criminalité*
to commit a crime	*commettre un délit*
to commit a murder	*commettre un meurtre*
a mugging	*une attaque avec violence*
to attack sb / to assault sb	*attaquer qqn, agresser qqn*
to rape sb / a rapist	*violer qqn / un violeur*
armed robbery	*le vol à main armé*
to raid a bank	*attaquer une banque*
burglary	*le cambriolage*
to burgle(GB) / to burglarize (US) a house	*cambrioler une maison*
to break into a place	*s'introduire par effraction quelque part*
shoplifting	*le vol à l'étalage*
to steal sth from sb	*voler qqch à qqn*
a thief	*un voleur*
a burglar	*un cambrioleur*
racketeering	*le racket*
a racketeer	*un racketteur*
to extort money from sb	*racketter qqn*
carjacking	*le carjacking*
a riot	*une émeute*
a rioter	*un émeutier*

LES MOTS AU SERVICE DES IDEES

Crime figures are perpetually on the increase in developed countries.

Les chiffres de la criminalité sont en perpétuelle augmentation dans les pays développés.

Western governments ought to be tougher on delinquency.

Les gouvernements occidentaux devraient plus réprimer la délinquance.

The number of car thefts is falling, admittedly, but this is mainly due to more sophisticated car alarms.

Certes, les vols de voitures sont en baisse mais c'est surtout parce que les voitures sont équipées d'alarmes plus sophistiquées.

What made gangs of youths set fire to so many cars in suburban France?

Qu'est-ce qui a poussé des bandes de jeunes à brûler tant de voitures dans les banlieues françaises?

Petty crime in the suburbs makes people's lives a misery and ought to be cracked down on hard by the police.

La petite délinquance des banlieues empoisonne la vie des gens et devrait être réprimée sévèrement par la police.

Many people do not go out alone at night for fear of being mugged.

Beaucoup de gens ne sortent pas seuls la nuit de peur de se faire agresser.

Zero tolerance may be a good thing but it would be better to address the real causes of crime.

La tolérance zéro est peut-être une bonne chose, mais mieux vaudrait s'attaquer aux causes réelles de la criminalité.

Who is to blame when children are not brought up properly and roam the streets late at night, left to their own devices?

A qui la faute quand les enfants ne sont pas élevés correctement et errent dans les rues tard le soir, livrés à eux-mêmes ?

A growing proportion of European teenage boys live in single parent families and, as a result, often turn to crime .

En Europe, de plus en plus d'adolescents vivent dans des familles monoparentales, ce qui a souvent pour conséquence de les faire basculer dans la criminalité.

No wonder some people are prepared to do anything to come by money in a society where money is king.

Il n'est pas étonnant que les gens soient prêts à tout pour se procurer de l'argent dans une société où l'argent est roi.

Unemployment is also partly responsible for the rise in delinquency.

Le chômage a aussi sa part de responsabilité dans l'augmentation de la délinquance.

A return to traditional values like hard work and respect might help reduce delinquency and crime.

Un retour aux valeurs traditionnelles telles que le travail et le respect contribuerait peut-être à faire diminuer la délinquance et la criminalité.

17. YOUNG PEOPLE'S PROBLEMS
LES PROBLEMES DES JEUNES

childhood	*l'enfance*
a child / children	*un enfant / des enfants*
adolescence / the teenage years	*l'adolescence*
an awkward age / a difficult age	*un âge ingrat*
an adolescent / a teenager	*un adolescent / un ado*
a teenage boy / a teenage girl	*un ado / une ado*
youth	*la jeunesse*
a gang of youths	*une bande de jeunes (sens péjoratif)*
youth culture	*la culture des jeunes*
a young person	*un jeune*
the young / young people	*les jeunes*
the youth of today / today's young people	*la jeunesse d'aujourd'hui / les jeunes d'aujourd'hui*
to grow up	*grandir*
to be still in one's teens	*ne pas encore avoir 20 ans*
to be grown-up	*être adulte*
a grown-up / an adult	*un adulte*
adulthood	*l'âge adulte*
maturity / immaturity	*la maturité / l'immaturité*
to be mature / to be immature	*être mûr / être immature*
the malaise in young people	*le malaise, le mal-être des jeunes*
to feel good / bad about oneself	*se sentir bien / mal dans sa peau*
teen violence / teenage violence	*la violence des jeunes*
truancy	*l'absentéisme scolaire*
juvenile delinquency	*la délinquance juvénile*
a latchkey kid	*un enfant qui rentre chez lui avant ses parents*
teenage suicide	*le suicide des jeunes*
teenage pregnancy	*la grossesse des adolescentes*
bulimia	*la boulimie*
to be bulimic	*être boulimique*
anorexia	*l'anorexie*
to be anorexic	*être anorexique*
to feel stressed	*être stressé(e)*
desperation	*la désespérance*
idleness	*le désœuvrement*
to have no points of reference	*ne pas avoir de repères*
to find one's place in society	*trouver sa place dans la société*
to integrate into / with society	*s'insérer, s'intégrer dans la société*
prejudice / bias against young people	*le racisme anti-jeunes*

LES MOTS AU SERVICE DES IDEES

Being young in today's society is not a bed of roses.

Etre jeune dans la société d'aujourd'hui n'est pas toujours une partie de plaisir.

Children are exposed to aspects of adult life that used to be hidden from them – sex, profanity and violence.

Les enfants sont exposés à des aspects de la vie adulte qui leur étaient naguère cachés : le sexe, la grossièreté et la violence.

Teenagers are under increasing pressure from society to become adults before their time.

La société soumet les adolescents à une pression de plus en plus forte pour en faire des adultes avant l'heure.

Studying for exams stresses out most young people.

Etudier pour passer des examens stresse la plupart des jeunes.

How come that young people feel increasingly depressed these days?

Comment se fait-il que les jeunes se sentent de plus en plus déprimés de nos jours ?

Teenagers do not always have the parental guidance they need.

Les parents ne donnent pas toujours aux adolescents les conseils dont ils ont besoin.

She no longer needs to be guided by her parents. She can stand on her own two feet now.

Elle n'a plus besoin que ses parents lui montrent la voie. Elle peut voler de ses propres ailes à présent.

Young people are having to cope with unemployment and HIV-AIDS, which often accounts for their deep disenchantment.

Aujourd'hui, les jeunes sont confrontés au chômage et au sida, ce qui explique souvent leur profond désenchantement.

George Bush believes that the only way to prevent unwanted teenage pregnancies and STDs is to persuade teenagers to remain virgins.

George Bush croit que la seule façon d'empêcher les grossesses non désirées chez les adolescentes et les M.S.T. est de convaincre les ados de rester vierges.

Young people commit a fifth of all crime in France, double the proportion of 25 years ago.

En France, les jeunes commettent un cinquième des délits, soit deux fois plus qu'il y a 25 ans.

Illegal drugs top the list of parents' worries about their children.

Les drogues illégales sont la préoccupation numéro un des parents au sujet de leurs enfants.

In the Netherlands nearly 6% of young people have one or more suicide attempt.

Aux Pays-Bas, près de 6% des jeunes ont fait au moins une tentative de suicide.

Don't generalize ! Many young people feel good about themselves.

Ne généralisez pas ! Beaucoup de jeunes sont bien dans leur peau.

18. GUN VIOLENCE IN THE USA
LA VIOLENCE ET LES ARMES AUX ETATS-UNIS

to be violent	*être violent*
an act of violence	*un acte de violence*
to use violence / to resort to violence	*avoir recours à la violence*
teen violence / teenage violence	*la violence chez les jeunes*
gun culture	*la culture des armes*
a felony	*un crime, un forfait*
to kill sb cold-bloodedly / to kill sb in cold blood	*tuer qqn de sang-froid*
to slaughter sb / to massacre sb	*massacrer qqn*
to open fire on sb	*ouvrir le feu sur qqn*
to shoot sb	*tuer qqn (avec une arme à feu)*
to be gunned down	*se faire descendre*
to wound sb	*blesser qqn*
a gun / a firearm	*une arme à feu*
a handgun	*un revolver*
a rifle	*un fusil*
an automatic weapon / an automatic	*une arme automatique*
a gunfight	*une fusillade*
a school shooting / a school killing	*une tuerie dans une école*
a serial killer	*un tueur en série*
a gun manufacturer / a gun maker	*un fabricant d'armes*
to own a gun	*posséder une arme*
gun ownership	*la détention, possession d'une arme*
to carry a gun	*porter une arme*
to pull the trigger	*appuyer sur la détente*
to be trigger-happy	*avoir la gâchette facile*
the National Rifle Asociation / the NRA	*l'Association nationale des détenteurs d'armes à feu (USA)*
to take the law into one's own hands	*se faire justice soi-même*
vigilantism	*l'autodéfense*
a vigilante	*un justicier*
self-defence	*la légitime défense*
to get even with sb	*se venger de qqn*
to avenge sb's death	*venger la mort de qqn*
gun control	*la limitation des armes*
to be easily available / accessible	*être facilement disponible*
to outlaw / to ban guns	*interdire les armes*
to enforce the law	*faire respecter la loi*
law enforcement	*le respect de la loi*
a law-abiding citizen	*un citoyen respectueux des lois*

LES MOTS AU SERVICE DES IDEES

According to the second Amendment to the US Constitution, people are allowed "to keep and bear arms".

Selon le deuxième Amendement à la Constitution américaine, les gens ont le droit « d'avoir et de porter une arme ».

There are about as many firearms in the U.S. as people.

Il y a à peu près autant d'armes à feu aux Etats-Unis qu'il y a d'habitants.

Millions in the U.S. passionately believe that their liberty and their safety are dependent on the easy availability of guns.

Des millions d'Américains sont intimement persuadés que leur liberté et que leur sécurité dépendent de la facilité à se procurer des armes.

According to the NRA, "guns don't kill, people do".

Selon l'Association nationale des détenteurs d'armes à feu, « ce ne sont pas les armes qui tuent, mais les gens ».

Americans have always used a gun to defend themselves and their property ever since the early pioneers arrived in America.

Les Américains ont toujours utilisé une arme pour se défendre et pour protéger leurs biens depuis l'arrivée des premiers pionniers en Amérique.

More than 75 people die each day in the United States as a result of gunfire, whether suicidal, homicidal or accidental.

Aux Etats-Unis, plus de 75 personnes par jour perdent la vie à cause d'une arme à feu, qu'il s'agisse d'un suicide, d'un homicide ou d'un accident.

In places where gun ownership is common, the rate of gun-related suicide is high.

Dans les endroits où la détention d'une arme est courante, le nombre de suicides par arme à feu est élevé.

Lawmakers hear the public when shootings in schools are big news; then they vote with the gun lobby.

Les législateurs entendent le public quand des tueries dans des écoles font la une des médias ; puis ils votent pour ceux qui sont contre la limitation des armes à feu.

Conducting background checks before allowing the sale of a gun is not enough.

Effectuer des vérifications d'antécédents avant de permettre la vente d'une arme ne suffit pas.

By the time they reach the age of 15, American teenagers have already witnessed tens of thousands of acts of violence on TV or at the movies.

A quinze ans, les adolescents américains ont déjà vu des dizaines de milliers d'actes de violence à la télévision ou au cinéma.

American politicians wanting to tighten gun control laws are skating on thin ice.

Les hommes politiques américains qui veulent renforcer la législation sur la limitation des armes sont sur un terrain glissant.

19. THE DEATH PENALTY
LA PEINE DE MORT

capital punishment	*la peine capitale*
a death sentence	*une condamnation à mort*
to be punishable by death	*être passible de mort*
to be condemned / sentenced to death	*être condamné à mort*
to be on death row	*être dans le couloir de la mort*
a condemned person / a death row inmate	*un condamné à mort*
to be granted a reprieve	*obtenir un sursis, un délai de grâce*
to pardon sb	*gracier qqn*
to be executed	*être exécuté*
the executioner	*le bourreau*
to carry out an execution	*procéder à une exécution*
to be hanged	*être pendu*
the electric chair / the chair (US)	*la chaise électrique*
the gas chamber	*la chambre à gaz*
to be given a lethal injection	*être exécuté par injection mortelle*
to be sent before the firing squad	*passer devant le peloton d'exécution*
the abolition of the death penalty	*l'abolition de la peine de mort*
an abolitionist nation	*un pays abolitionniste*
to abolish capital punishment	*abolir la peine capitale*
to reinstate / to restore the death penalty	*rétablir la peine de mort*
the reinstatement / the restoration of the death penalty	*le rétablissement de la peine de mort*
the advocates of the death penalty	*les partisans de la peine de mort*
the opponents to the death penalty	*les opposants à la peine de mort*
to be in favour of	*être en faveur de*
to be opposed to	*être opposé à*
to be guilty (of murder)	*être coupable (de meurtre)*
guilt	*la culpabilité*
a culprit	*un coupable*
a murderer	*un meurtrier*
to rape sb / a rapist	*violer qqn / un violeur*
a sexual offender	*un délinquant sexuel*
innocence / to be innocent	*l'innocence / être innocent*
a miscarriage of justice	*une erreur judiciaire*
to deter sb from doing sth	*dissuader qqn de faire qqch*
an habitual offender	*un multirécidiviste*
life imprisonment	*la prison à vie*
to be jailed for life	*être condamné à la prison à vie*

Capital punishment is a blight on America's image in the world.

La peine capitale ternit l'image de l'Amérique dans le monde.

The death penalty has never been a deterrent to crime.

La peine de mort n'a jamais empêché les gens de commettre des délits.

America should do away with this barbaric practice. Other forms of punishment exist.

L'Amérique devrait en finir avec cette pratique barbare. D'autres formes de châtiment existent.

The criminal's death does not bring the victim back.

La mort du criminel ne ramène pas la victime.

Capital punishment does not constitute an effective instrument for fighting murderous crimes.

La peine capitale ne constitue pas un instrument efficace de lutte contre les crimes de sang.

After being on death row for 17 years, DNA testing proved he was not the man who had murdered that poor woman.

Après avoir passé 17 ans dans le couloir de la mort, les tests ADN ont prouvé qu'il n'était pas l'homme qui avait assassiné cette pauvre femme.

Had he been executed, no one would have known he had died for a murder committed by another.

S'il avait été exécuté, personne n'aurait su qu'il était mort pour un meurtre commis par un autre.

Those who torture and kill children or old people deserve to die.

Ceux qui torturent et tuent des enfants ou des personnes âgées méritent de mourir.

Why have pity on someone who batters a defenceless old lady to death to steal her money? He should be given a taste of his own medicine.

Pourquoi s'apitoyer sur quelqu'un qui bat à mort une vieille dame sans défense pour lui voler son argent ? On devrait le traiter de la même façon.

It's all too easy to be against the death penalty so long as you, personally, remain unaffected.

C'est trop facile d'être contre la peine de mort tant que vous n'êtes pas personnellement concerné.

I for one believe that someone who raped a child should pay and even suffer for his crime.

Je suis de ceux qui pensent qu'un violeur d'enfants devrait payer, voire souffrir pour ce qu'il a fait.

The execution of an innocent person is the worst act that any community of free men can commit.

L'exécution d'un innocent est le pire acte qu'une communauté d'hommes libres puisse commettre.

20. CITIES
LA VILLE

the city centre (GB) / downtown (US)	*le centre-ville*
inner cities	*un quartier déshérité du centre-ville*
a city dweller (GB) / an urbanite (US)	*un citadin*
a metropolis	*une métropole*
an urban area	*une zone urbaine*
to become urbanised	*s'urbaniser*
a built-up area	*une agglomération (urbaine)*
a housing estate / a housing development	*un lotissement, une cité*
a council house / a council flat	*un(e) HLM*
a tower block / a high rise	*une tour (d'habitation)*
a high-rise estate	*un grand ensemble*
a block of flats	*un pâté de maisons*
a pavement (GB) / a sidewalk (US)	*un trottoir*
a skyscraper	*un gratte-ciel*
a dormitory town (GB) / a bedroom community (US)	*une cité-dortoir*
rural depopulation	*l'exode rural*
an industrial estate (GB) / an industrial park (US)	*une zone industrielle*
a residential area	*un quartier d'habitation*
a town planner	*un urbaniste*
town planning / city planning	*l'urbanisme*
a cityscape	*un paysage urbain*
the layout of a town	*la disposition / conception d'une ville*
an urban renewal programme	*un programme de rénovation urbaine*
to renovate / to rehabilitate	*rénover, réhabiliter*
the renovation / the rehabilitation	*la rénovation / la réhabilitation*
to pull down a building	*démolir un bâtiment*
urban sprawl	*l'expansion urbaine tentaculaire*
a hot spot	*un quartier chaud*
a suburb	*une banlieue, un faubourg*
a neighbourhood	*un quartier*
a shopping centre /a shopping precinct (GB)	*un centre commercial*
a (shopping) mall (US)	*un centre commercial*
the commuter belt	*la grande banlieue*
green spaces	*les espaces verts*

The world is near a historic turning point. By 2010 half of the world's population will be urban.

Le monde s'apprête à prendre un tournant historique. D'ici 2010, la moitié de la population mondiale sera urbaine.

The urban population of developing countries is projected to double in the next 30 years.

On estime que la population urbaine des pays en développement va doubler au cours des 30 prochaines années.

Large cities have existed for centuries. For example Xi'an, China, had 800,000 inhabitants as long ago as 750 AD.

Les grandes villes existent depuis des siècles. Par exemple, Xi'an, en Chine, comptait déjà 800 000 habitants en l'an 750.

By 2015 there will be 554 cities in the world with 1 million or more residents.

D'ici 2015, il y aura 554 villes dans le monde qui compteront 1 million d'habitants ou plus.

He has been living in a suburb of Paris for more than twenty years.

Il habite en banlieue parisienne depuis plus de vingt ans.

They have put substantial funds into upgrading one of the most run-down inner cities in England.

Ils ont investi des sommes considérables pour moderniser l'un des quartiers pauvres les plus délabrés d'Angleterre.

The mayor has asked developers to rehabilitate districts that had been going to rack and ruin for a long time.

Le maire a demandé aux promoteurs de réhabiliter des quartiers qui tombaient en ruines depuis longtemps.

Her sons grew up playing with the other kids on the block.

Ses fils ont joué toute leur enfance avec les autres gamins du pâté de maisons.

He prefers to live on the outskirts of the city.

Il préfère habiter à la périphérie de la ville.

Office blocks are sprouting up everywhere in the city.

En ce moment, les immeubles de bureaux poussent comme des champignons partout en ville.

Out-of-town supermarkets attract new customers every month.

Les supermarchés situés à l'extérieur des villes attirent de nouveaux clients tous les mois.

He sometimes needs to get away from the hustle and bustle of London.

Il a parfois besoin de fuir l'activité incessante de Londres.

Many city dwellers in search of a quieter life dream of fleeing the city.

De nombreux citadins en quête d'une vie plus calme rêvent de fuir la ville.

21. CITY LIFE
LA VIE URBAINE

to find accommodation	*se loger*
to rent a flat (from sb)	*louer un appartement (en tant que locataire)*
to let / to rent out a flat (to sb)	*louer un appartement (en tant que propriétaire)*
to pay a rent	*payer un loyer*
a tenant	*un locataire*
the owner	*le propriétaire*
to own a flat	*posséder un appartement*
the housing shortage / the housing crisis	*la crise du logement, la crise de l'immobilier*
housing prices	*les prix de l'immobilier*
to (sky)rocket / to shoot up / to soar	*augmenter en flèche (prix)*
sky-high prices	*des prix exorbitants*
a housing policy	*une politique du logement*
social housing	*les logements sociaux*
an estate agency	*une agence immobilière*
to share a flat	*partager un appartement*
a bedsit / a bedsitter / a studio	*un studio*
a three-room flat	*(un appartement de) trois pièces*
urban evils	*les maux de la ville*
the cost of living	*le coût de la vie*
the council tax	*les impôts locaux*
stress-related problems	*des problèmes liés au stress*
to feel stressed	*être stressé*
to breathe polluted air	*respirer de l'air pollué*
to be exhausted / to be worn out	*être épuisé*
the lack of communication	*le manque de communication*
a high divorce rate	*un taux de divorce élevé*
noise	*le bruit*
to be noisy	*être bruyant*
a neighbour	*un voisin*
noise pollution	*la pollution sonore*
the lack of sleep	*le manque de sommeil*
to spend a sleepless night	*passer une nuit blanche*
urban violence	*la violence urbaine*
the upsurge in violence	*la recrudescence de la violence*
vandalism / to vandalize	*le vandalisme / saccager*
the crime rate	*le taux de criminalité*
a mugging	*une agression*

LES MOTS AU SERVICE DES IDEES

Buying a home in London has become virtually impossible for half of the city's inhabitants.

Acheter un logement à Londres est devenu pratiquement impossible pour la moitié des habitants de la ville.

Housing prices in Paris are going through the roof.

Les prix de l'immobilier à Paris flambent.

Rents are so astronomical that people often have to live in rabbit hutches.

Les loyers sont si astronomiques que les gens sont souvent obligés d'habiter dans des cages à lapins.

For most people life in large cities is synonymous with subway, sweat and sleep.

Pour la plupart des gens, la vie dans les grandes villes est synonyme de métro, boulot, dodo.

He has been leading a crazy life ever since he has been living in Paris.

Il mène une vie de fou depuis qu'il habite à Paris.

People are continuously on the run. No wonder they are often in a bad mood.

Les gens sont toujours en train de courir. Pas étonnant qu'ils soient souvent de mauvaise humeur.

Violence is perpetually on the increase in many cities.

La violence est en augmentation perpétuelle dans de nombreuses villes.

We can wonder what makes people choose to live in a city rather than in the country despite the difficult living conditions.

On peut se demander pourquoi les gens choisissent de vivre en ville plutôt qu'à la campagne en dépit des conditions de vie difficiles.

There are more job opportunities and a better chance of succeeding in life when you live in a city.

Il y a plus de perspectives d'emploi et une meilleure chance de réussir dans la vie quand vous habitez dans une ville

Life is never dull. You always find something to do.

La vie n'est jamais ennuyeuse. On trouve toujours quelque chose à faire.

Paris is second to none if you want to go to a concert or to the theatre.

Paris n'a pas son pareil si vous voulez assister à un concert ou aller au théâtre.

City life is so exhausting that you need to take a break regularly to recharge your batteries.

La vie en ville est si épuisante qu'on a besoin de prendre quelques jours de repos régulièrement pour recharger ses batteries.

If you want the advantages of city life, you also have to put up with the noise, the pollution and the traffic. You can't have it both ways.

Si vous voulez les avantages de la ville, il faut aussi vous accommoder du bruit, de la pollution et de la circulation. On ne peut pas être gagnant sur tous les tableaux.

22. TRAFFIC IN THE CITY
LA CIRCULATION URBAINE

car traffic	*la circulation automobile*
a motorist	*un automobiliste*
the flow / the volume of traffic	*le flot / le volume de la circulation*
a crossroads	*un carrefour*
a roundabout (GB) / a traffic circle (US)	*un rond-point*
traffic lights	*des feux de signalisation*
the green light	*le feu vert*
green / amber / red	*vert / orange / rouge*
a one-way street	*une rue à sens unique*
a bus lane / a bicycle lane	*un couloir de bus / une piste cyclable*
a zebra crossing / a pedestrian crossing (GB) / a crosswalk (US)	*un passage pour piétons*
traffic congestion	*les embouteillages*
traffic gridlock	*la paralysie de la circulation*
at rush hour / during the rush hour	*aux heures de pointe, d'affluence*
rush-hour traffic	*la circulation aux heures de pointe*
a traffic jam	*un embouteillage*
a traffic hold-up	*une retenue*
a five-mile tailback	*un bouchon de huit kilomètres*
a bottleneck	*un goulot d'étranglement*
a busy street / a congested street	*une rue passante / une rue encombrée*
to crawl (along)	*avancer au pas*
heavy traffic / light traffic	*une circulation dense / fluide*
a car park (GB) / a parking lot (US)	*un parking*
a multistorey car park	*un parking à plusieurs niveaux*
a parking meter	*un parcmètre*
a parking ticket	*une contravention (stationnement)*
a traffic warden	*un(e) contractuel(le)*
to double-park	*se garer en double file*
to park illegally	*se garer en interdiction*
to tow away a car	*emmener une voiture à la fourrière*
to clamp a car	*immobiliser une voiture avec un sabot*
to introduce road pricing	*introduire un système de péage*
the congestion charge	*la taxe anti-embouteillages (Londres)*
a pedestrian precinct (GB) / a pedestrian mall (US)	*une zone piétonnière*
car pooling	*le covoiturage*
car sharing	*l'auto-partage*
to use public transport	*utiliser les transports en commun*

LES MOTS AU SERVICE DES IDEES

The problems of traffic congestion will not disappear in a hurry.

Les problèmes d'embouteillages ne sont pas près de disparaître.

The traffic virtually comes to a standstill twice a day in most European cities.

La circulation est pratiquement paralysée deux fois par jour dans la plupart des villes européennes.

Although the ring road has been widened from 2 to 3 lanes, it is still heavily congested.

Bien que le boulevard périphérique soit passé de 2 à 3 voies, il est toujours très chargé.

You cannot build your way out of congestion.

On ne peut pas résoudre les problèmes d'encombrements en construisant de nouvelles routes.

He gets up at the crack of dawn not to be caught in the morning rush hour.

Il se lève aux aurores pour éviter l'heure de pointe du matin.

Bumper-to-bumper traffic is the everyday lot of many city dwellers. No wonder road rage is on the increase.

Rouler à touche-touche est le lot quotidien de nombreux citadins. Pas étonnant qu'il y ait de plus en plus d'agressivité au volant.

For many years, politicians have tried cajoling drivers out of their cars with little to show for it.

Depuis de nombreuses années, les hommes politiques essaient sans grand succès la méthode douce pour dissuader les gens de prendre leur voiture.

Reducing car use and increasing the number of pedestrianised streets is high on the agenda of a lot of mayors.

Restreindre l'usage de la voiture et augmenter le nombre de rues piétonnières est l'une des premières priorités de nombreux maires.

Making life unbearable for the driver seems to be the order of the day.

Rendre insupportable la vie de l'automobiliste semble être à l'ordre du jour.

To ease congestion in cities many mayors will be tempted to price motorists off the road.

Pour décongestionner les villes, de nombreux maires seront tentés de faire payer les automobilistes pour les dissuader d'utiliser leur véhicule.

It may well be only a matter of time before private cars are banned from city centres altogether.

L'interdiction totale des voitures particulières dans le centre des villes pourrait bien n'être qu'une question de temps.

Thanks to congestion charging the mayor of London managed to slash traffic in the city centre by around 20%.

Grâce à la taxe anti-embouteillages, le maire de Londres a réussi à réduire la circulation dans le centre ville d'environ 20 %.

23. URBAN TRANSPORT
LES TRANSPORTS URBAINS

public transport	*les transports en commun*
a means of transport	*un moyen de transport*
a mode of transport	*un mode de transport*
a transport policy	*une politique des transports*
the underground	*le métro*
the tube	*le métro (de Londres)*
the subway	*le métro (de New York)*
the metro	*le métro (parisien)*
a tube station / a subway station	*une station de métro*
to take / to catch the tube	*prendre le métro*
to travel by tube	*voyager en métro*
the bus	*le bus*
to catch / to take the bus	*prendre le bus*
to get on the bus	*monter dans le bus*
to get off the bus	*descendre du bus*
a bus stop	*un arrêt de bus*
a bus station	*une gare routière*
a bus ticket	*un ticket de bus*
a bus pass	*une carte de bus*
a bus lane	*un couloir de bus*
the train	*le train*
a railway station / a train station	*une gare*
a railway line	*une ligne de chemin de fer*
a commuter	*un banlieusard*
a commuter train	*un train de banlieue*
the high speed train	*le TGV*
to drop sb (off) at the station	*déposer qqn à la gare*
to pick sb up at the station	*aller chercher qqn à la gare*
to arrive on time	*arriver à l'heure (train, etc.)*
to be behind time / behind schedule	*être en retard (train, etc.)*
to change trains	*changer de train*
to miss a connection (to)	*manquer une correspondance (pour)*
a single / a single ticket (GB) / a one-way ticket (US)	*un aller simple*
a return ticket (GB) / a round trip ticket (US)	*un billet aller et retour*
a season ticket	*une carte d'abonnement (train)*
a tram (GB) / a streetcar (US)	*un tram, un tramway*
a bicycle	*une bicyclette*
roller skates	*des rollers*

Non-motorized transport – walking and bicycling – plays an essential role in urban transport in low-income countries.

Le transport non-motorisé (la marche et la bicyclette) joue un rôle essentiel dans les transports urbains dans les pays où les revenus sont modestes.

In Copenhagen, the cyclist is king. Some 200,000 people ride into the city centre every day.

A Copenhague, le cycliste est roi. Quelque 200 000 personnes se rendent chaque jour dans le centre-ville à bicyclette.

Copenhagen's efficient public transport system puts most other cities to shame.

Le système de transports en commun de Copenhague fait honte par son efficacité à la plupart des autres grandes villes.

Bus fares are higher and higher and some students prefer to roller skate to university.

Les tarifs des bus sont de plus en plus élevés et certains étudiants préfèrent aller à la fac en roller.

The train was badly delayed because of the strike.

Le train a été sérieusement retardé par la grève.

He missed the last bus and had no option but to walk back home.

Il a manqué le dernier bus et n'a pas eu d'autre solution que de rentrer chez lui à pied.

He commutes to London by train every day.

Il prend le train tous les jours pour aller travailler à Londres.

The commuter trains which leave or arrive every two minutes are packed.

Les trains de banlieue qui partent ou arrivent toutes les deux minutes sont bondés.

Traffic is an absolute nightmare every day and he has given up using his car to get to work.

La circulation, c'est la galère tous les jours et il a renoncé à utiliser sa voiture pour se rendre à son travail.

Two derailments in a three-day period showed that the London Tube was antiquated and raised safety fears.

Deux déraillements en l'espace de trois jours ont montré que le métro de Londres était très vieux et ont suscité des craintes quant à la sécurité.

Huge amounts of money need to be put into the modernisation of the London Underground.

Il faut investir des sommes considérables pour moderniser le métro de Londres.

Renovating Britain's creaking public transport system will mean years of disruption for passengers.

La rénovation du système de transports en commun britannique qui s'en va à vau-l'eau signifiera des années de perturbations pour les usagers.

24. ROAD SAFETY
LA SECURITE ROUTIERE

a road user	*un usager de la route*
a car crash / a car accident	*un accident de la route*
an accident blackspot	*un point noir*
road casualties	*les victimes de la route*
road fatalities / traffic fatalities	*les accidents mortels*
to be critically injured	*être grièvement blessé*
a head-on collision	*une collision frontale*
to crash head-on into a car	*rentrer de plein fouet dans une voiture*
to run into a car	*rentrer dans une voiture*
a motorway pile-up	*un carambolage sur l'autoroute*
reckless driving	*la délinquance routière*
a careless driver	*un conducteur imprudent*
a roadhog	*un chauffard*
the Highway Code	*le Code de la route*
a motoring offence	*une infraction au Code de la route*
road rage	*l'agressivité au volant*
to jump the lights / to jump a light	*brûler un feu*
to cross the white line	*franchir la ligne blanche*
to give way	*céder le passage*
to have (the) right of way	*avoir la priorité*
to fasten one's seat belt	*attacher sa ceinture de sécurité*
to overtake a car	*dépasser une voiture*
an unmarked police car	*une voiture banalisée*
a speed camera	*un radar automatique*
a speed trap	*un contrôle radar*
to exceed the speed limit	*dépasser la limitation de vitesse*
to get caught speeding	*se faire arrêter pour excès de vitesse*
a speeding ticket	*une amende pour excès de vitesse*
a sleeping policeman / a speed bump	*un ralentisseur*
a speed governor	*un régulateur de vitesse*
a governed engine	*un moteur bridé*
a speed limiter	*un limiteur de vitesse*
a drink driver (GB) /a drunk driver (US)	*un conducteur en état d'ébriété*
driving under the influence / drink driving (GB) / drunk driving (US)	*la conduite en état d'ivresse*
to drive under the influence	*conduire sous l'emprise de l'alcool*
a breathalyser	*un alcootest, un éthylomètre*
the blood alcohol limit	*l'alcoolémie*
to have an MOT	*passer au contrôle technique*

Many car crashes could be avoided if motorists behaved more responsibly.
De nombreux accidents de voiture pourraient être évités si les automobilistes se comportaient de façon plus responsable.

Why not fit all cars with black boxes like those in aircraft?
Pourquoi ne pas équiper toutes les voitures de boîtes noires semblables à celles des avions ?

Human error rather than mechanical failure is the prime cause of car crashes, typically exacerbated by speed or alcohol, and often both.
L'erreur humaine, plus que la défaillance mécanique, est la première cause d'accident, généralement aggravée par la vitesse ou l'alcool et souvent par les deux.

He should have had more driving lessons before taking his driving test.
Il aurait dû prendre plus de leçons de conduite avant de passer son permis.

Many people who love their children nevertheless drive as though there is no tomorrow, foot down, mobile phone to hand.
De nombreuses personnes qui adorent leurs enfants conduisent néanmoins comme s'il n'y avait pas de lendemain, pied au plancher, téléphone portable à la main.

What turns Mr Nice into Mr Nuts when he gets behind the wheel?
Pourquoi M. Charmant se transforme-t-il en M. Foldingue quand il est au volant ?

Many countries have decided to ban cellphone use in cars unless drivers have a hands-free phone.
De nombreux pays ont décidé d'interdire l'utilisation du portable au volant sauf si les conducteurs disposent d'un kit mains-libres.

He was not qualified for driving and was speeding.
Il conduisait sans permis et était en excès de vitesse.

He had his driving licence suspended for two weeks for refusing to give way.
Il s'est fait retirer son permis de conduire pendant deux semaines pour un refus de priorité.

It is only the fear of being caught that stops him from driving too fast.
Ce n'est que la peur du gendarme qui l'empêche de conduire trop vite.

Hazardous driving conditions – for example poor visibility – make it necessary to slow down.
Il est indispensable de lever le pied quand les conditions de conduite sont dangereuses, par exemple lorsque la visibilité est mauvaise.

More and more countries are introducing traffic calming measures.
De plus en plus de pays adoptent des mesures de ralentissement de la circulation.

Carnage on the roads must be stopped somehow or other.
Il faut mettre un terme à l'hécatombe sur les routes d'une façon ou d'une autre.

Let's all have a bumper sticker that says: "Better late than dead on time."
Ayons tous sur notre pare-chocs un autocollant disant : « Mieux vaut arriver en retard que de ne jamais arriver. »

25. HUMAN RIGHTS
LES DROITS DE L'HOMME

fundamental rights	*les droits fondamentaux*
inalienable rights	*les droits inaliénables*
the observance of human rights	*le respect des droits de l'homme*
the United Nations	*les Nations unies*
a human rights activist / defender	*un militant des droits de l'homme*
women's rights	*les droits de la femme*
the Rights of the Child	*les droits de l'enfant*
equal rights	*l'égalité des droits*
equal opportunities	*l'égalité des chances*
the right to work / to education	*le droit au travail / à l'éducation*
the right to own property	*le droit à la propriété*
civil rights	*les droits civils*
individual freedom / liberty	*la liberté individuelle*
the right of asylum	*le droit d'asile*
to apply for political asylum	*faire une demande d'asile politique*
an asylum seeker	*un demandeur d'asile*
human rights violations / abuses	*les violations des droits de l'homme*
to trample on sb's rights	*bafouer les droits de qqn*
political / religious oppression	*l'oppression politique / religieuse*
oppressed minorities	*les minorités opprimées*
to be downtrodden	*être opprimé*
political / religious persecution	*la persécution politique / religieuse*
to persecute	*persécuter*
to terrorize	*terroriser*
to torture / a torturer	*torturer / un tortionnaire*
to kidnap	*kidnapper, enlever*
to be held hostage	*être retenu en otage*
to be enslaved	*être réduit à l'esclavage*
a dictatorship / a dictator	*une dictature / un dictateur*
a repressive regime	*un régime répressif*
censorship	*la censure*
to censor the press	*censurer la presse*
to restrict people's freedom	*restreindre la liberté des gens*
a political prisoner / detainee	*un prisonnier politique*
a labour camp	*un camp de travail*
a crime against humanity	*un crime contre l'humanité*
a genocide	*un génocide*
ethnic cleansing	*le nettoyage ethnique*
to massacre / to slaughter	*massacrer*

LES MOTS AU SERVICE DES IDEES

The Universal Declaration of Human Rights was adopted on December 10, 1948. Among other things it stipulates that :

La Déclaration universelle des droits de l'homme a été adoptée le 10 décembre 1948. Entre autres choses, elle stipule que :

"All human beings are born free and equal in dignity and rights..." (Art. 1)

« Tous les êtres humains naissent libres et égaux en dignité et en droits... »

"Everyone has the right to life, liberty and security of person". (Art. 3)

« Tout individu a droit à la vie, à la liberté et à la sûreté de sa personne. »

"No one shall be held in slavery or servitude..." (Art. 4)

« Nul ne sera tenu en esclavage ni en servitude.... »

"No one shall be subjected to torture or to cruel, inhuman or degrading treatment or punishment". (Art. 5)

« Nul ne sera soumis à la torture, ni à des peines ou traitements cruels, inhumains ou dégradants. »

"All are equal before the law and entitled without any discrimination to equal protection of the law..." (Art. 7)

« Tous sont égaux devant la loi et ont droit sans distinction à une égale protection de la loi... »

"Everyone has the right to freedom of movement..." (Art. 13)

« Toute personne a le droit de circuler librement... »

"Everyone has the right to freedom of thought, conscience and religion..." (Art.18)

« Toute personne a le droit à la liberté de pensée, de conscience et de religion... »

"Everyone has the right to freedom of opinion and expression..." (Art. 19)

« Tout individu a droit à la liberté d'opinion et d'expression... »

"Everyone, without discrimination, has the right to equal pay for equal work". (Art. 23)

« Toute personne a droit, sans aucune discrimination, à un salaire égal pour un travail égal. »

The rights of thousands of men, women and children are disregarded or grossly abused in every corner of the globe.

Partout dans le monde, les droits de milliers d'hommes, de femmes et d'enfants ne sont pas respectés ou sont gravement bafoués.

Amnesty International activists are united by a determination to work for a world where every human being enjoys the same rights.

Les militants d'Amnesty International sont unis par la détermination à œuvrer pour un monde dans lequel tout être humain bénéficie des mêmes droits.

Living in a world where human rights are not violated is just wishful thinking.

Vivre dans un monde où les droits de l'homme soient respectés, c'est prendre ses désirs pour des réalités.

26. ANIMAL RIGHTS
LES DROITS DES ANIMAUX

the R.S.P.C.A. (GB) / the A.S.P.C.A. (US)	*la S. P. A.*
an animal lover	*un ami des bêtes*
animal welfare	*la protection des animaux*
an animal welfarist	*un militant pour la protection des animaux*
cruelty to animals	*la cruauté envers les animaux*
animal abuse	*la maltraitance des animaux*
the animal rights movement	*le mouvement pour les droits des animaux*
an animal rights activist / campaigner	*un militant pour les droits des animaux*
an anti-vivisection campaigner	*un militant contre la vivisection*
animal products	*les produits d'origine animale*
animal testing	*les expérimentations animales*
an experiment	*une expérience*
to do / to conduct / to carry out an experiment	*faire une expérience*
to experiment on animals	*faire des expériences sur les animaux*
cosmetics	*les cosmétiques*
factory farming	*l'élevage industriel*
a factory farm	*une ferme industrielle*
a battery hen	*une poule de batterie*
a cage	*une cage*
to force-feed a goose	*gaver une oie*
a live rabbit	*un lapin vivant*
a mouse / (pl.) mice	*une souris / des souris*
a rat	*un rat*
the fur trade	*le commerce de la fourrure*
a seal	*un phoque*
the seal cull	*le massacre des phoques*
a whale	*une baleine*
a primate	*un primate*
biomedical research	*la recherche biomédicale*
an animal research laboratory	*un laboratoire d'expérimentations animales*
alternatives to animal use	*des solutions de remplacement à l'utilisation des animaux*
to ban fox hunting	*interdire la chasse au renard*

LES MOTS AU SERVICE DES IDEES

Why do we insist that rights to life, liberty and protection from torture be confined to humans?

Pourquoi voulons-nous à tout prix que le droit à la vie, à la liberté et à la protection contre la torture se limite aux humains ?

Obviously, there are differences between humans and animals, but they do not justify the way we think of, or treat, animals.

A l'évidence, il y a des différences entre les humains et les animaux, mais elles ne justifient pas ce que nous pensons des animaux ou la manière dont nous les traitons.

Each year 4 million animals, primarily minks and foxes, are trapped and killed in the US, all to feed the world fur market.

Chaque année, 4 millions d'animaux, principalement des visons et des renards, sont piégés et tués aux Etats-Unis, tous pour alimenter le marché mondial de la fourrure.

Hunters armed with rifles and spears kill thousands of pups during the annual seal hunt on the ice floes of eastern Canada.

Chaque année pendant la chasse au phoque sur la banquise de l'est du Canada, des chasseurs armés de fusils et d'épieux tuent des milliers de bébés phoques.

By 2012 calves and sows will no longer be housed in individual stalls too narrow for them to turn around, or walk a few steps.

D'ici 2012, les veaux et les truies ne seront plus enfermés dans des stalles individuelles qui sont trop étroites pour qu'ils puissent se tourner ou bouger un peu.

Some find it revolting that geese should be force-fed for the sheer pleasure of foie gras eaters.

Certains trouvent révoltant que les oies soient gavées pour le simple plaisir des mangeurs de foie gras.

I don't see why we should inflict slow, painful deaths on animals to test the safety of household products.

Je ne vois pas pourquoi nous infligerions une mort lente et douloureuse à des animaux pour tester la sécurité de produits ménagers.

Many animal tests are related to pharmaceutical and medical research.

Beaucoup d'expériences sur les animaux sont liées à la recherche pharmaceutique et médicale.

Studies show promising results in mice of a vaccine approach to treating Parkinson's and similar diseases.

Des études font état de résultats prometteurs chez la souris dans le traitement de la maladie de Parkinson et d'autres maladies similaires à l'aide d'un vaccin.

Half a million animals are genetically modified in labs.

500 000 animaux sont génétiquement modifiés en laboratoire.

Balancing the needs of people for drugs with the welfare of animals is a complex ethical dilemma.

Satisfaire les besoins des hommes en médicaments et en même temps protéger les animaux est un dilemme éthique complexe.

27. EUTHANASIA
L'EUTHANASIE

mercy killing	*l'euthanasie*
passive euthanasia	*l'euthanasie passive*
the right to die	*le droit de mourir*
the right to a dignified death	*le droit de mourir dignement*
doctor-assisted suicide	*le suicide médicalement assisté*
a suicide doctor	*un docteur qui pratique l'euthanasie*
to be pro-euthanasia	*être partisan de l'euthanasie*
mercy-killing foes	*les adversaires de l'euthanasie*
to practise / to carry out euthanasia	*pratiquer l'euthanasie*
palliative care	*les soins palliatifs*
to be terminally ill	*être en phase terminale*
to be on a life support system	*être sous assistance respiratoire*
to unplug the life support system	*débrancher le respirateur*
to be kept alive artificially	*être maintenu en vie artificiellement*
to prolong life needlessly	*prolonger la vie inutilement*
use of intensive medication to keep sb alive	*l'acharnement thérapeutique*
a degrading treatment	*un traitement dégradant*
to put an end to sb's suffering	*abréger les souffrances de qqn*
to alleviate sb's suffering	*soulager les souffrances de qqn*
to terminate a patient's life	*mettre fin à la vie d'un malade*
a pain killer	*un calmant, un analgésique*
to inject lethal drugs	*administrer des médicaments mortels*
to die peacefully	*mourir paisiblement*
to die a painless death	*mourir sans souffrir*
the decriminalisation of euthanasia	*la dépénalisation de l'euthanasie*
to legalise euthanasia	*légaliser l'euthanasie*
the termination of life	*l'interruption de la vie*
an incurable disease	*une maladie incurable*
to be forced fed	*être alimenté de force*
to disconnect a feeding tube	*débrancher un tube d'alimentation*
to withhold tube feeding	*arrêter l'alimentation artificielle*
to have three months to live	*avoir trois mois à vivre*
to be in a persistent vegetative state	*être dans un état végétatif persistant*
to be permanently bedridden	*être grabataire*
to be in a coma	*être dans le coma*
to be clinically dead	*être cliniquement mort*
to be allowed to decide for oneself	*être autorisé à décider soi-même*
a living will	*un testament de vie*
to be ethically wrong	*être contraire à la morale*

LES MOTS AU SERVICE DES IDEES

Periodically, controversy rages over euthanasia.

La polémique fait rage régulièrement au sujet de l'euthanasie.

Euthanasia has been a contentious issue for decades.

L'euthanasie est un sujet très controversé depuis des décennies.

Some say that euthanasia is a licence to kill.

Certains disent que l'euthanasie est un permis de tuer.

What's the use of keeping a PVS patient alive?

A quoi bon maintenir en vie un malade qui est dans un état végétatif persistant ?

In France mercy killing is still considered as failure to assist a person in danger.

En France, l'euthanasie est toujours considérée comme non assistance à personne en danger.

We should legalise what has been a long-standing practice in many countries.

On devrait légaliser ce qui est une pratique de longue date dans de nombreux pays.

Looked at from a personal angle, the freedom to die is defensible and even desirable.

D'un point de vue personnel, la liberté de mourir est défendable, voire souhaitable.

We should not oppose the will of those who stated a wish to die when they were mentally sound.

On ne devrait pas s'opposer à la volonté de ceux qui ont exprimé le souhait de mourir quand ils étaient sains d'esprit.

Helping someone who has no chance of recovery is a very humane thing.

Aider quelqu'un qui n'a aucune chance de guérison est quelque chose de très humain.

When someone is experiencing unbearable suffering uselessly, one should be allowed to give them death-inducing drugs.

Lorsque quelqu'un endure inutilement des souffrances atroces, on devrait avoir le droit de lui administrer des médicaments qui entraînent la mort.

In some cases it might be better not to try and resuscitate people.

Dans certains cas, il vaudrait mieux ne pas essayer de réanimer les gens.

More and more terminally ill people go to Switzerland to take their own lives.

De plus en plus de malades en phase terminale vont en Suisse pour mettre fin à leurs jours.

They self-administrate a fatal dose of barbiturates and slowly fade away.

Ils s'administrent une dose mortelle de barbituriques et s'éteignent sans souffrir.

Who has not thought of euthanasia after having had to face the ordeal of a dying loved one?

Qui n'a pas pensé à l'euthanasie après avoir été confronté au calvaire d'un être cher en train d'agoniser ?

28. THE PRESS
LA PRESSE

the fourth estate	*le quatrième pouvoir*
a newspaper / a paper	*un journal*
a morning / an evening paper	*un journal du matin / du soir*
the quality press / the quality papers	*la presse de qualité*
the national press	*la grande presse*
the popular press	*la presse à grand tirage*
a broadsheet	*un journal de qualité*
the gutter press	*la presse à scandale, à sensation*
a tabloid	*un tabloïd*
a daily	*un quotidien*
a weekly	*un hebdomadaire*
a magazine	*un magazine*
a pulp magazine	*un magazine à sensation*
a journal	*une revue spécialisée*
the local rag	*le journal local*
a newspaper cutting	*une coupure de journal*
a newspaper article	*un article de journal*
journalism / a journalist	*le journalisme / un journaliste*
journalese	*le jargon journalistique*
a press conference	*une conférence de presse*
a press agency	*une agence de presse*
a left-wing / right-wing paper	*un journal de gauche / de droite*
sensationalism	*le sensationnalisme*
to sensationalize	*faire du sensationnalisme*
a headline	*un gros titre, une manchette*
to make / to grab / to hit the headlines	*faire la une, faire les gros titres*
the front page	*la première page*
to be in the news	*être dans les journaux*
press / media coverage	*la couverture médiatique*
media hype	*le matraquage médiatique*
a leader / a leading article	*un éditorial*
the editor	*le rédacteur en chef*
the publisher	*l'éditeur*
to publish	*publier*
to print	*imprimer*
a reader	*un lecteur*
independent	*indépendant*
biased / unbiased	*partial / impartial*
the freedom of the press / press freedom	*la liberté de la presse*

LES MOTS AU SERVICE DES IDEES

Although radio and television give you the news as it breaks, many people go on buying newspapers every day.

Bien que la radio et la télévision vous informent de ce qui se passe dans l'instant, beaucoup de gens continuent à acheter des journaux tous les jours.

Although *The Sun* is not a quality paper, it is the biggest-selling daily in Britain with nearly 4 million sales.

Bien que le Sun ne soit pas un journal de qualité, c'est le quotidien britannique qui se vend le mieux avec près de 4 millions d'exemplaires.

Eye-catching headlines are often a good way of boosting readership.

Des titres accrocheurs sont souvent une bonne façon d'augmenter le nombre de lecteurs.

The role of the press is to inform people objectively about what is happening in the world.

Le rôle de la presse est d'informer les gens objectivement sur ce qui se passe dans le monde.

***The Guardian* often raises people's awareness about serious issues like global warming or the pollution of the seas.**

Le Guardian sensibilise souvent les gens à des problèmes aussi sérieux que le réchauffement de la planète ou la pollution des océans.

Tabloids think it pays off more to spread rumours or unearth scandals about celebrities or politicians.

Les tabloïds pensent que cela rapporte plus de répandre des rumeurs ou de déterrer des scandales sur des personnalités ou sur des hommes politiques.

The tabloids and the paparazzi are partly to blame for Lady Diana's death in 1997.

Les tabloïds et les paparazzi ont leur part de responsabilité dans la mort de Lady Diana en 1997.

Journalists will be journalists. They will poke their noses into other people's business.

Les journalistes, on ne les changera jamais. Il faut toujours qu'ils mettent leur nez dans les affaires des autres.

The press has such power that it can make or break someone's career.

La presse a un tel pouvoir qu'elle peut faire ou défaire la carrière de quelqu'un.

The freedom of the press in the United States is guaranteed by the first Amendment to the Constitution.

La liberté de la presse aux Etats-Unis est garantie par le premier amendement à la Constitution.

Despite the inevitable excesses it is far better to live in a country where the press is not gagged.

Malgré les excès inévitables, il vaut beaucoup mieux vivre dans un pays où la presse n'est pas bâillonnée.

29. THE PURSUIT OF HAPPINESS
LA RECHERCHE DU BONHEUR

to be in pursuit of happiness	*être à la recherche du bonheur*
to be looking for happiness / to seek happiness	*chercher, rechercher le bonheur*
the quest for happiness	*la quête du bonheur*
to be happy / to feel happy	*être heureux, se sentir heureux*
to be happy in your life / in your job	*être heureux dans la vie / au travail*
to be happy / satisfied with your life	*être satisfait de sa vie*
to make sb happy	*rendre qqn heureux*
bliss	*le bonheur parfait*
joy	*la joie, le bonheur*
the joy of living	*le bonheur de vivre*
joie de vivre	*la joie de vivre, la gaieté*
cheerfulness	*la gaieté, la bonne humeur*
to be cheerful	*être gai, joyeux*
to be blissfully happy	*nager dans le bonheur*
to be overjoyed / to be thrilled	*être fou de joie*
to be full of life	*être plein de vie*
to have a sense of well-being	*éprouver un sentiment de bien-être*
to be optimistic / pessimistic by nature	*être optimiste / pessimiste de nature*
an optimist / a pessimist	*un optimiste / un pessimiste*
optimism / pessimism	*l'optimisme / le pessimisme*
to think positive	*positiver*
to have a positive attitude to life	*avoir une approche positive de la vie*
to look on the bright side	*voir le bon côté des choses*
to take everything in your stride	*prendre les choses comme elles viennent*
to make the best of it	*faire contre mauvaise fortune bon cœur*
to grin and bear it	*le prendre sur soi*
to keep things in perspective	*relativiser les choses*
to view life through rose-coloured glasses	*voir la vie en rose*
to be down in the dumps	*avoir le moral à zéro, broyer du noir*
to be feeling down	*ne pas avoir le moral*
to keep your spirits up	*garder le moral*
to cheer sb up / to lift sb's spirits	*remonter le moral à qqn*
it's good for morale	*c'est bon pour le moral*
to make the most of life	*croquer la vie à belles dents*
to enjoy every minute of life	*profiter de la vie au maximum*

LES MOTS AU SERVICE DES IDEES

As is said in the American Declaration of Independence, men have certain rights, "that among these are Life, Liberty and the Pursuit of Happiness."

Comme cela est dit dans la Déclaration d'indépendance des Etats-Unis, les hommes ont certains droits, « parmi lesquels la vie, la liberté et la recherche du bonheur. »

Happiness is what you make of it.

Le bonheur, c'est ce qu'on en fait.

Always try to have a positive attitude, that is to see the glass as half full rather than as half empty.

Essayez d'avoir toujours une attitude positive, c'est-à-dire de voir le verre à moitié plein plutôt qu'à moitié vide.

Those who have a happy-go-lucky attitude tend to live longer.

Ceux qui sont heureux de vivre ont tendance à vivre plus vieux.

More and more people believe in living life to the full, for they say there'll be plenty of time to rest in the grave.

De plus en plus de gens veulent jouir pleinement de la vie, car ils disent qu'ils auront toute la mort pour se reposer.

Despite higher incomes and better health, Britons today are more unhappy than their parents and grandparents.

Malgré des revenus plus élevés et une meilleure santé, les Britanniques sont aujourd'hui plus malheureux que leurs parents ou leurs grands-parents.

Money can't buy happiness.

L'argent ne fait pas le bonheur.

Happiness depends on loving relationships, fulfilling work, reasonable health and strong ties to friends and family.

Le bonheur dépend des relations amoureuses, d'un travail gratifiant, d'une santé raisonnable et de liens solides avec les amis et la famille.

Where you live, as much as how you live, is a key influence on the feel-good factor.

L'endroit où on vit joue un rôle déterminant sur le sentiment de bien-être au même titre que le mode de vie.

Modern life's meaninglessness causes a lot of despair and shrinks have never been busier than today.

L'absence de signification de la vie moderne cause beaucoup de désespoir et les psys n'ont jamais eu autant de travail qu'aujourd'hui.

Past generations had much worse to deal with, but showed stoicism and fortitude.

Les générations passées avaient des problèmes autrement plus compliqués que les nôtres à résoudre, mais ils faisaient preuve de stoïcisme et de force de caractère.

Don't worry, be happy.

Ne vous faites pas de souci, laissez-vous vivre.

30. THE HIGH-SPEED AGE
L'ERE DE LA VITESSE

speed	*la vitesse*
a race against time / a race against the clock	*une course contre la montre*
to race / to battle against time	*mener une course contre le temps*
to be continuously on the run	*être toujours en train de courir*
to run 24-7	*courir d'un bout à l'autre de la semaine*
to be rushing about / rushing around	*courir, se presser*
to rush from place to place	*courir partout*
to live at a frantic pace	*vivre à un rythme effréné*
to live in the fast lane	*vivre à cent à l'heure*
the pace of modern life	*le rythme de la vie moderne*
to lead a hectic life	*mener une vie trépidante*
to be in a hurry	*être pressé*
to hurry	*se dépêcher*
hurry up!	*dépêche-toi !*
get a move on / get moving / get your skates on	*grouille-toi !, magne-toi !*
to be pressed for time	*être à court de temps*
to have no time to lose	*ne pas avoir de temps à perdre*
to waste precious time	*perdre un temps précieux*
to save time	*gagner du temps*
not to take the time to enjoy life	*ne pas prendre le temps de vivre*
to rush through a meal	*manger avec un lance-pierres*
I must dash / I've got to rush	*il faut que je file, il faut que j'y aille*
to leave in a rush	*partir en catastrophe*
the mad rush not to be late	*la course effrénée pour ne pas être en retard*
time is flying	*le temps passe à toute vitesse*
time is at a premium	*le temps est précieux*
time is running out / time is running short	*il reste peu de temps*
time is money	*le temps, c'est de l'argent*
the acceleration of time	*l'accélération du temps*
the desire to go faster	*le désir d'aller plus vite*
turbo-capitalism	*le turbo-capitalisme*
the rat race	*la foire d'empoigne*
to multitask	*mener plusieurs tâches de front*
to have a busy timetable	*avoir un emploi du temps chargé*
No rush!	*On n'est pas pressé !*

LES MOTS AU SERVICE DES IDEES

Today speed is associated with almost every aspect of life.

Aujourd'hui, la vitesse est associée à presque tous les aspects de la vie.

Kids are being rushed out of childhood by the modern world.

Le monde moderne ne laisse pas aux enfants le temps de grandir.

Speed is the yardstick through which we measure the value of our activities.

La vitesse, c'est le critère que nous utilisons pour mesurer la valeur de nos activités.

Slowness is a real handicap in the modern world.

La lenteur est un réel handicap dans le monde moderne.

We speed up everything, for example our work, our entertainment, our travel, the way we communicate and the way we eat.

Nous allons de plus en plus vite pour tout : par exemple pour notre travail, nos loisirs, nos voyages, la façon dont nous communiquons et dont nous mangeons.

We are under ever-increasing pressure to work faster and faster.

On nous pousse sans cesse davantage à travailler de plus en plus vite.

More and more passengers use the high speed train as a second office to prolong their day's work.

De plus en plus de voyageurs utilisent le TGV comme un second bureau pour prolonger leur journée de travail.

We sleep less than we used to. More car accidents are caused by sleepy drivers than by drink drivers.

Nous dormons moins qu'avant. Les automobilistes qui s'endorment au volant causent plus d'accidents que ceux qui boivent.

We take energy drugs to keep us going.

Nous prenons des énergisants pour tenir le coup.

This race against time is mainly due to an economy dedicated to perpetual growth.

Cette course contre la montre est essentiellement due à une économie consacrée à la croissance perpétuelle.

The acceleration in our consumption of resources – fertile soil, trees, water, oil, fish – is bound to have terrible consequences sooner or later.

L'accélération de notre consommation des ressources (le sol fertile, les arbres, l'eau, le pétrole, le poisson) ne peut qu'avoir des conséquences terribles tôt ou tard.

We just don't know how to take things easy any more. It's time we slammed on the brakes.

On ne sait tout simplement plus comment mener une vie tranquille. Il est temps de ralentir.

Few people realize that this rush to nowhere gradually drives them crazy.

Peu de gens se rendent compte que cette course qui ne mène nulle part les rend progressivement fous.

31. THE INVASION OF PRIVACY
L'INTRUSION DANS LA VIE PRIVEE

the death of privacy	*la mort de l'intimité, de la vie privée*
intimacy	*l'intimité*
confidentiality	*la confidentialité*
intrusion into sb's private life	*l'intrusion dans la vie privée de qqn*
to intrude into sb's private life	*s'ingérer dans la vie privée de qqn*
a snooper	*un fouineur*
to snoop on sb /to spy on sb	*espionner qqn*
to poke one's nose into other people's business	*fourrer son nez dans les affaires des autres*
a computer hacker	*un pirate informatique*
a cookie	*un cookie, un mouchard électronique*
CCTV (= closed-circuit television)	*la vidéosurveillance*
surveillance	*la surveillance (policière, militaire)*
to observe sb	*surveiller qqn*
surveillance cameras	*des caméras de surveillance*
to make data available to the police	*mettre les informations à la disposition de la police*
to intercept the contents of an e-mail	*intercepter le contenu d'un courriel*
to monitor sb's e-mails	*surveiller les courriels de qqn*
to retain data / to store data	*conserver les informations*
to extend state surveillance powers	*donner à l'Etat des pouvoirs de surveillance renforcés*
special powers	*des pouvoirs spéciaux*
civil liberties / individual liberties	*les libertés individuelles*
to restrict civil liberties	*restreindre les libertés individuelles*
to erode freedoms	*rogner les libertés*
to compromise privacy	*transiger sur la vie privée*
to infringe on privacy	*empiéter sur la vie privée*
for law-enforcement purposes	*dans le but de faire appliquer la loi*
phone-tapping	*les écoutes téléphoniques*
to tap sb's phone	*placer qqn sur écoute téléphonique*
to bug a room	*cacher des micros dans une pièce*
to protect one's privacy	*protéger son intimité*
the right to privacy	*le droit à la vie privée*
to enforce data protection legislation	*faire appliquer la loi sur l'informatique et les libertés*
to safeguard privacy from commercial abuse	*protéger la vie privée des abus commerciaux*
to have nothing to hide	*n'avoir rien à cacher*

LES MOTS AU SERVICE DES IDEES

"Big Brother is watching you." (G. Orwell, 1984)

« Big Brother vous observe. » (G. Orwell, 1984)

Our right to be left alone is gradually disappearing.

Notre droit à la tranquillité disparaît progressivement.

We're heading for an even more wired, overintrusive, privacy-deprived planet.

Nous allons vivre dans un monde encore plus dépendant d'Internet où nous serons de plus en plus surveillés et dans lequel la vie privée n'existera plus.

Once the right to privacy is taken away, it is never returned.

Une fois qu'on vous enlève le droit à la vie privée, on ne vous le rend jamais.

Mobile phone operators and internet service providers now have to retain data of all private calls for a year.

Les opérateurs de téléphonie mobile et les fournisseurs d'accès à Internet doivent désormais conserver toute information sur les appels personnels pendant un an.

A substantial majority of Britons believes that giving up some of their civil liberties is necessary in the fight against terrorism.

Une large majorité de Britanniques croient qu'ils doivent renoncer à certaines de leurs libertés individuelles pour lutter contre le terrorisme.

Terrorism forces governments to reconsider the frontier between security and civil liberties.

Le terrorisme force les gouvernements à reconsidérer la frontière entre la sécurité et les libertés individuelles.

It is far easier to defend privacy while you possess it than to reclaim it once it has been lost.

Il est bien plus facile de défendre le droit à la vie privée tant qu'on l'a que de le retrouver une fois qu'on l'a perdu.

Even if you are very careful, hackers may manage to impersonate you.

Même si vous faites très attention, des pirates informatiques sont susceptibles de parvenir à usurper votre identité.

Hanging on to privacy and intimacy in a global village of hundreds of millions seems to be somewhat illusory.

S'accrocher à la vie privée et à l'intimité dans un village planétaire habité par des centaines de millions de personnes semble quelque peu dérisoire.

Cookies represent a way of watching consumers without their consent.

Les cookies sont une manière d'observer les consommateurs sans leur consentement.

Some see computing as an enlarger of freedom, others see it as an infringement on privacy and civil liberties.

Certains considèrent que l'informatique contribue à la liberté, d'autres y voient une atteinte à la vie privée et aux libertés individuelles.

32. THE IMPORTANCE OF ENGLISH
L'IMPORTANCE DE L'ANGLAIS

the English language	*la langue anglaise*
the language of Shakespeare	*la langue de Shakespeare*
the lingua franca of the world	*la langue véhiculaire du monde*
British English	*l'anglais britannique*
American English	*l'anglais américain*
Queen's English	*l'anglais de la Reine*
a variety of English	*une variété d'anglais*
the use of English	*l'utilisation de l'anglais*
to overcome the language barrier	*surmonter la barrière de la langue*
English pronunciation	*la prononciation anglaise*
Received Pronunciation	*la prononciation standard*
an English accent	*un accent anglais*
a mid atlantic accent	*un accent mi-anglais mi-américain*
a broad Irish accent	*un fort accent irlandais*
a cockney accent	*un accent londonien*
to roll one's r's	*rouler les « r »*
to drop one's h's	*ne pas prononcer les « h »*
English vocabulary	*le vocabulaire anglais*
English grammar	*la grammaire anglaise*
to speak good English / to speak English well	*bien parler anglais*
to be fluent in English / to speak fluent English	*parler anglais couramment*
to speak fluently	*parler couramment*
fluency	*l'aisance*
spoken English / written English	*l'anglais parlé / l'anglais écrit*
to be good at English	*être bon en anglais*
to have a good command of English	*bien manier l'anglais*
to improve one's English	*améliorer son anglais*
to take an English course	*suivre des cours d'anglais*
a crash course in English	*des cours intensifs d'anglais*
an ineffective teaching method	*une méthode d'enseignement inefficace*
an English native speaker	*un anglophone*
an English-speaking country	*un pays anglophone*
to communicate in English	*communiquer en anglais*
to have a smattering of English	*avoir quelques notions d'anglais*
to get by in English	*se débrouiller en anglais*
to be hopeless at English	*être nul en anglais*
pidgin English	*du mauvais anglais*

LES MOTS AU SERVICE DES IDEES

English, with about 2 billion speakers is far and away the largest global lingua franca.

L'anglais, parlé par environ 2 milliards de personnes, est de loin la langue véhiculaire mondiale la plus pratiquée.

English has become the working language of the global village.

L'anglais est devenu la langue de travail du village planétaire.

Engineers will more than ever need to be able to speak proper English if they want to have a successful career.

Plus que jamais, les ingénieurs auront besoin de bien parler anglais s'ils veulent réussir leur carrière.

In the eyes of some Chinese students, English is more important than Chinese, their mother tongue, as it is synonymous with better jobs.

Aux yeux de certains étudiants chinois, l'anglais est plus important que leur langue maternelle, le chinois, car il est synonyme de meilleurs emplois.

Fewer and fewer Britons are learning foreign languages. The oft-cited reason is that they don't need to.

De moins en moins de Britanniques apprennent les langues étrangères. La raison souvent invoquée est qu'ils n'en ont pas besoin.

He has been learning English for ten years.

Il apprend l'anglais depuis 10 ans.

He can't speak a word of English.

Il ne parle pas un traître mot d'anglais.

His accent is so bad that he can't make himself understood.

Son accent est si mauvais qu'il n'arrive pas à se faire comprendre.

When he arrived in the United States, it took him six months to understand people.

Quand il est arrivé aux Etats-Unis, il lui a fallu six mois pour comprendre les gens.

Forget about the mistakes, let the talk flow freely.

Ne vous souciez pas des fautes, exprimez-vous sans complexe.

People often forget that the basic function of language is for communication.

Les gens oublient souvent que la fonction essentielle d'une langue est de communiquer.

Regardless of mistakes, they plunged into conversation and managed to understand each other.

Sans se soucier des fautes, ils se sont lancés dans une conversation et ont réussi à se comprendre.

How come that the general level of English of French pupils is well below that of their counterparts in Denmark, the Netherlands and Sweden?

Comment se fait-il que le niveau général d'anglais des élèves français soit largement inférieur à ceux de leurs homologues danois, hollandais et suédois ?

33. THE BRITISH MONARCHY
LA MONARCHIE BRITANNIQUE

a monarch	*un monarque*
a monarchist	*un monarchiste*
a sovereign	*un souverain, une souveraine*
sovereignty	*la souveraineté*
a crown	*une couronne*
a queen	*une reine*
a king	*un roi*
a prince / a princess	*un prince / une princesse*
a duke / a duchess	*un duc / une duchesse*
a marquis / a marquess	*un marquis*
a marchioness	*une marquise*
an earl	*un comte (anglais)*
a kingdom	*un royaume*
royalty / the royals	*les membres de la famille royale*
the royal family	*la famille royale*
the crown jewels	*les joyaux de la couronne*
Queen Elizabeth	*la reine Elisabeth*
Her / His Majesty	*Sa Majesté*
the changing of the Guards	*la relève de la garde*
to succeed sb	*succéder à qqn*
a successor	*un successeur*
to ascend the throne	*monter sur le trône*
the accession to the throne	*l'accession au trône*
the coronation	*le couronnement*
to reign	*régner*
to abdicate	*abdiquer*
abdication	*l'abdication*
a peer / a peeress	*un pair / une pairesse*
nobility	*la noblesse*
aristocracy / an aristocrat	*l'aristocratie / un aristocrate*
the Queen's Speech	*le discours du trône*
a royal prerogative	*une prérogative royale*
to abolish the monarchy	*abolir la monarchie*
to restore one's reputation	*redorer son blason*
to symbolize	*symboliser*
a purely symbolic role	*un rôle purement symbolique*
a symbol of unity	*un symbole d'unité*
to represent one's country abroad	*représenter son pays à l'étranger*
the national anthem	*l'hymne national*

LES MOTS AU SERVICE DES IDEES

How long will the United Kingdom still remain a monarchy?

Combien de temps le Royaume-Uni restera-t-il encore une monarchie?

Some say that the monarchy is out of kilter with a modern democracy.

Certains disent que la monarchie est déphasée par rapport à une démocratie moderne.

If the British monarchy is to survive, it will have to modernize.

Si la monarchie britannique veut survivre, il faudra qu'elle se modernise.

The difficulty for the United Kingdom is to adapt to a changing world while preserving the legacy of the past.

La difficulté pour le Royaume-Uni est de s'adapter à un monde qui change tout en préservant l'héritage du passé.

The monarchy gives a sense of stability in a world full of uncertainty.

La monarchie donne un sentiment de stabilité dans un monde plein d'incertitude.

The monarchy is outdated in more than one way but most British people are still deeply attached to it.

La monarchie a bien des côtés désuets, mais la majorité des Britanniques continue à y être profondément attachée.

An opinion poll last week confirmed that the monarchy is still very popular.

Un sondage la semaine dernière a confirmé que la monarchie demeurait très populaire.

Paradoxically enough, Diana's death appears to have reinvigorated the monarchy.

Paradoxalement, la mort de Diana semble avoir donné un nouveau souffle à la monarchie.

Prince Charles is the heir to the throne of a country where traditions are still revered.

Le Prince Charles est l'héritier de la couronne d'un pays qui continue à vénérer les traditions.

People find it normal the Queen of England should pay income tax.

Les gens trouvent normal que la reine d'Angleterre paie l'impôt sur le revenu.

The British taxpayer often has the feeling that the money spent supporting the royal family is squandered.

Le contribuable britannique a souvent l'impression que l'argent dépensé pour entretenir la famille royale est gaspillé.

Royal scandals tarnish the monarchy's image regularly.

Des scandales royaux ternissent régulièrement l'image de la monarchie.

The royals are often criticized for their conspicuous consumption, their remoteness and the rigidity of their upbringing.

Les membres de la famille royale sont souvent critiqués pour leur consommation ostentatoire, leur attitude distante et la rigidité de leur éducation.

34. EDUCATION
L'EDUCATION

the education(al) system	*le système éducatif*
compulsory schooling	*la scolarité obligatoire*
a school-age child	*un enfant d'âge scolaire*
providing education for children	*la scolarisation des enfants*
a literacy campaign	*une campagne d'alphabétisation*
to be literate and numerate	*savoir lire, écrire et compter*
illiteracy	*l'illettrisme, l'analphabétisme*
a state school	*une école publique*
a secondary school pupil	*un élève du secondaire*
a comprehensive school	*un établissement secondaire (en GB)*
a grammar school	*un lycée (avec sélection à l'entrée)*
a high school	*un lycée (aux USA ou en GB)*
a public school	*une école privée britannique (souvent prestigieuse)*
an independent school	*une école privée*
a vocational school	*un lycée professionnel*
higher education	*l'enseignement supérieur*
to go to university (GB) / to go to college (US)	*aller à l'université*
Oxbridge	*les universités d'Oxford et de Cambridge*
the Ivy League	*le groupe de 8 universités célèbres du nord-est des Etats-Unis*
to skip school / to play truant	*sécher les cours*
school violence	*la violence dans les établissements scolaires*
tuition fees	*les frais de scolarité (à l'université)*
top-up fees	*les frais de scolarité complémentaires (à l'université)*
ragging (GB) / hazing (US)	*le bizutage*
a grant	*une bourse*
to study	*faire des études, étudier*
to take a course in computing	*suivre des cours d'informatique*
to acquire knowledge	*acquérir des connaissances*
to take an exam	*passer un examen*
to pass an exam	*réussir un examen*
a competitive examination	*un concours*
a degree (in economics)	*une licence (d'économie)*
a graduate	*un diplômé, un licencié*
e-learning	*la formation en ligne*

LES MOTS AU SERVICE DES IDEES

The literacy and numeracy of children should be an educational top priority.

L'école devrait avoir comme priorité absolue d'apprendre à lire, écrire et compter aux enfants.

The number of school leavers who do not master the three Rs (reading, writing and arithmetic) has reached alarming proportions.

Le nombre d'élèves qui quittent le système scolaire sans maîtriser la lecture, l'écriture et le calcul atteint maintenant des proportions alarmantes.

Fare more money should be poured into education to provide more teachers and smaller class sizes.

Il faudrait investir beaucoup plus d'argent dans l'éducation pour qu'il y ait plus de professeurs et des classes moins chargées.

To solve the crisis in teacher recruitment the government will have to reduce workload and tackle poor pupil behaviour.

Pour résoudre la crise de recrutement des professeurs, le gouvernement devra réduire leur charge de travail et s'attaquer aux problèmes de discipline.

Dealing with the problem of bullying in British schools is as important as reducing truancy and improving educational standards.

Traiter le problème des brimades dans les écoles britanniques est aussi important que de réduire l'absentéisme scolaire et d'améliorer le niveau d'éducation.

Quite a number of people move out to live in a good catchment area.

Un nombre non négligeable de personnes déménagent pour habiter dans un secteur de recrutement scolaire favorable.

Thousands of British youngsters are choosing not to study French and German in favour of subjects such as drama or media studies.

Des milliers de jeunes Britanniques optent pour des disciplines telles que le théâtre et les études en communication au détriment du français et de l'allemand.

The dumbing down of education is indisputable in France and Britain.

La baisse de niveau est indiscutable en France et en Grande-Bretagne.

A levels, seen for decades as the gold standard of education, could well be scrapped within the next few years.

Les « A levels », considérés pendant des décennies comme la référence en matière d'éducation, risquent de disparaître au cours des prochaines années.

Almost 50% of 17-year-old Americans allegedly lack the reading and mathematical skills needed for a job in a car factory.

Presque la moitié des Américains de 17 ans n'auraient pas les compétences requises en lecture et en mathématiques pour travailler dans une usine automobile.

Forty percent of British students in higher education are adults studying for their degree via the Open University.

40 % des étudiants britanniques du supérieur sont des adultes qui préparent leur licence avec le Centre d'enseignement universitaire par correspondance.

35. RELIGION
LA RELIGION

to practise a religion	*pratiquer une religion*
religious beliefs	*les croyances religieuses*
religious toleration	*la tolérance religieuse*
freedom of worship	*la liberté du culte*
secularism	*la laïcité*
a religious sect	*une secte religieuse*
faith	*la foi*
to believe in God	*croire en Dieu*
Christ / Jesus Christ	*le Christ / Jésus-Christ*
a believer	*un croyant*
to be deeply religious	*être très croyant*
to pray	*prier*
to say one's prayers	*dire ses prières*
a church	*une église*
a mosque	*une mosquée*
a temple	*un temple*
a synagogue	*une synagogue*
an atheist	*un athée*
Christianity	*le christianisme*
a Christian	*un chrétien*
Islam	*l'islam*
the pilgrimage to Mecca	*le pèlerinage de la Mecque*
a Muslim	*un musulman*
fundamentalism / a fundamentalist	*l'intégrisme / un intégriste*
a zealot	*un fanatique*
fanaticism / zealotry	*le fanatisme*
the Islamic headscarf	*le foulard islamique*
a chador	*un tchador*
jihad	*le djihad*
Hinduism	*l'hindouisme*
Buddhism	*le bouddhisme*
Judaism	*le judaïsme*
a Jew	*un Juif*
Catholicism / a catholic	*le catholicisme / un catholique*
Anglicanism / an Anglican	*l'anglicanisme / un anglican*
Protestantism / a protestant	*le protestantisme / un protestant*
the Orthodox Church	*l'Eglise orthodoxe*
the Bible	*la Bible*
the Koran / the Qur'an	*le Coran*

LES MOTS AU SERVICE DES IDEES

Christianity is the religion with the largest following in the world. Islam is the fastest growing.

Le christianisme est la religion qui a le plus de disciples dans le monde. L'islam est celle qui progresse le plus vite.

Some 850 million people in the world define themselves as secular, non-religious, agnostic or atheistic.

Quelque 850 millions de personnes dans le monde se définissent comme laïques, non-croyantes, agnostiques ou athées.

In France the number of churchgoers keeps falling.

En France, le nombre de pratiquants ne cesse de baisser.

Even some strict Catholics consider that the Church should evolve.

Même certains catholiques purs et durs considèrent que l'Eglise devrait évoluer.

The Pope's stance on contraception does little to burnish the image of the Church.

Les prises de position du pape sur la contraception ne contribuent guère à redorer le blason de l'Eglise.

In France the need for priests is greater than ever.

La France n'a jamais autant manqué de prêtres qu'aujourd'hui.

Can the vocation crisis be explained by the fact that priests have to take vows of celibacy and chastity?

La crise des vocations peut-elle s'expliquer par le fait que les prêtres doivent faire vœu de célibat et de chasteté ?

The catholic Church has always been against the ordination of women into priesthood.

L'Eglise catholique a toujours été opposée à l'ordination des femmes.

Violence is unjustifiable, whether in the name of God or of Allah.

Rien ne justifie la violence, que ce soit au nom de Dieu ou de celui d'Allah.

Religion should respect life, not take it.

La religion devrait respecter la vie, pas la supprimer.

Tony Blair said that the 9-11 attacks were 'no more a reflection of true Islam than the Crusades were a reflection of true Christianity'.

Tony Blair a dit que les attentats du 11 septembre « ne reflétaient pas plus le véritable islam que les croisades ne reflétaient le véritable christianisme. »

Like any faith, Islam is a religion of peace – and sometimes of violence.

Comme toute religion, l'islam prône la paix, mais parfois aussi la violence.

For many disadvantaged people religious organisations provide a lifeline in a harsh and uncaring world.

Les organisations religieuses offrent à beaucoup de défavorisés une bouée de sauvetage dans un monde dur et indifférent.

36. THE STATE OF THE PLANET
L'ETAT DE LA PLANETE

an ailing planet	*une planète malade, mal en point*
to be in a sorry state	*être dans un piètre état*
to be a sorry sight	*faire peine à voir*
to show signs of deterioration	*montrer des signes de détérioration*
to be in jeopardy / in danger / at risk	*être en danger*
the statistics are staggering	*les chiffres sont préoccupants*
the decline of Earth's ecosystems	*la dégradation des écosystèmes de la Terre*
the loss of biodiversity	*la perte de biodiversité*
to jeopardize ecosystems	*menacer les écosystèmes*
to pose a serious risk to / a serious threat to	*présenter un risque sérieux / une menace sérieuse pour*
to reach breaking point	*atteindre le point de rupture*
to be imperilled by human activity	*être menacé par l'activité humaine*
human greed	*la cupidité humaine*
to use up the Earth's resources	*épuiser les ressources de la Terre*
to overburden nature	*accabler la nature*
global warming	*le réchauffement de la planète*
the melting of ice caps	*la fonte des calottes glaciaires*
sea pollution	*la pollution marine*
the destruction of coral reefs	*la destruction des récifs coralliens*
the depletion of fish stocks	*la diminution du cheptel piscicole*
overfishing	*la surpêche*
to be on the brink of extinction	*être en voie d'extinction*
available freshwater is scarce	*l'eau douce disponible se fait rare*
deforestation	*la déforestation*
forests are fast disappearing	*les forêts disparaissent rapidement*
car pollution	*la pollution automobile*
to halt destructive practices	*mettre un terme aux pratiques destructrices*
to restore an ecosystem	*rétablir un écosystème*
Earth Day	*la Journée de la Terre*
the Earth Summit	*le Sommet de la Terre*
to save the Earth	*sauver la Terre*
to reach a new balance with nature	*trouver un nouvel équilibre avec la nature*
to use less-polluting technology	*utiliser une technologie moins polluante*
to heal the planet	*guérir la planète*
a daunting task	*une tâche redoutable*

LES MOTS AU SERVICE DES IDEES

How did we let things get to this point?

Comment avons-nous laissé les choses en arriver là ?

Earth has been sending out distress signals for fifty years.

La Terre envoie des signaux de détresse depuis cinquante ans.

Humans have destroyed two-thirds of nature's machinery that supports life on Earth.

L'homme a détruit les deux-tiers des mécanismes de la nature dont dépend la vie sur Terre.

Humans pollute first and pay later.

L'homme pollue d'abord et paie plus tard.

One species is now a hazard to the other ten million or so on the planet, and to itself.

Une espèce est maintenant à elle seule un risque pour les quelque dix millions d'autres espèces de la planète et aussi pour elle-même.

The future is clouded by the loss of land to urban development, soil degradation and water scarcity.

La perte de la terre au profit de l'urbanisation, la dégradation du sol et le manque d'eau ne laissent augurer rien de bon pour l'avenir.

The wetlands, forests, savannahs and other habitats that recycle air, water and nutrients for living creatures are being irretrievably damaged.

Les marécages, forêts, savanes et autres habitats qui recyclent l'air, l'eau et les substances nutritives pour les êtres vivants sont irrémédiablement endommagés.

Landscapes have been transformed to suit the needs of agriculture and industry.

Les paysages ont été transformés pour répondre aux besoins de l'agriculture et de l'industrie.

The planet's capacity is beginning to diminish, threatening our well-being and ultimately our survival.

Les capacités de la planète commencent à diminuer, menaçant notre bien-être et, au final, notre survie.

Halting the decline of the planet's ecosystems may be the most difficult challenge humanity has ever faced.

Mettre un terme à la dégradation des écosystèmes de la planète peut s'avérer le plus grand défi auquel l'humanité ait été confrontée.

Providing energy to the poor without destroying the planet any further is this century's biggest challenge.

Fournir de l'énergie aux pauvres sans continuer à détruire la planète est le plus grand défi de ce siècle.

Business as usual is no longer an option.

On n'a plus le choix : on ne peut plus continuer comme avant.

37. ENVIRONMENTAL AWARENESS
LA PRISE DE CONSCIENCE ECOLOGIQUE

the Department of the Environment	*le ministère de l'Environnement*
the environment minister	*le ministre de l'environnement*
an environmental policy	*une politique de l'Environnement*
environmental management	*la gestion de l'environnement*
the protection / the preservation / the conservation of the environment	*la protection de l'environnement*
to protect / to preserve the environment	*protéger / préserver l'environnement*
nature conservation	*la préservation de la nature*
to be environmentally aware	*être conscient des problèmes de l'environnement*
to show interest in	*se sentir concerné par*
to raise awareness about a problem / to sensitize people to a problem	*sensibiliser les gens à un problème*
to mobilize public opinion	*mobiliser l'opinion publique*
an awareness campaign	*une campagne de sensibilisation*
environmental issues / green issues	*les questions environnementales*
ecology / an ecologist	*l'écologie / un écologiste*
ecological	*écologique*
an environmentalist / a conservationist	*un défenseur de l'environnement*
an eco-warrior	*un défenseur acharné de l'environnement*
an environmental group	*une association de défense de l'environnement*
the Greens	*les Verts*
to go green	*se convertir à l'écologie*
to harm the environment / to cause environmental damage	*nuire à l'environnement*
to be harmful to the environment	*être nuisible à l'environnement*
to draw on the earth's resources	*puiser dans les ressources de la nature*
the environmental impact	*l'impact sur l'environnement*
environment(ally) friendly / eco-friendly	*qui ne nuit pas à l'environnement*
the 'polluter pays' principle	*le principe du pollueur-payeur*
the WWF	*le WWF*
Friends of the Earth	*les Amis de la Terre*
to stage a protest march	*organiser une marche de protestation*

LES MOTS AU SERVICE DES IDEES

Protecting the environment means saving ourselves.

Protéger l'environnement, c'est sauver l'espèce humaine.

Even though we sometimes take Greenpeace activists for loonies, we must admit they open our eyes to important issues.

Même si nous prenons parfois les militants de Greenpeace pour des illuminés, force est de reconnaître qu'ils nous ouvrent les yeux sur des problèmes importants.

Unless we change our ways, the world faces disaster.

Si nous ne changeons pas notre façon de faire, le monde court au désastre.

Very few people dispute that we have to change the way we live, but even fewer people do anything about it.

Rares sont ceux qui contestent qu'il faut changer notre façon de vivre, mais encore plus rares sont ceux qui agissent.

To the large majority of the world's population, environmental protection matters less than food, accommodation and employment.

Pour la grande majorité de la population mondiale, protéger l'environnement est moins important que de se nourrir, se loger et avoir un travail.

As the world becomes economically richer, it becomes environmentally poorer.

A mesure que le monde s'enrichit économiquement, son environnement s'appauvrit.

Environmentally damaging projects should be abandoned systematically.

Les projets qui nuisent à l'environnement devraient être systématiquement abandonnés.

Using the earth's resources more efficiently than we do now will enable us to use fewer resources and produce less pollution per capita.

Mieux utiliser les ressources de la terre qu'actuellement permettra à chacun d'en utiliser moins et de polluer moins.

If we are to protect the environment on a global scale, we all must do our part, collectively as well as individually.

Si nous voulons protéger l'environnement à l'échelle mondiale, nous devons tous apporter notre contribution, collectivement aussi bien qu'individuellement.

If we practise the right kind of care for our environment, it will continue to bring us its natural gifts.

Si nous prenons soin de notre environnement comme il se doit, nous continuerons à bénéficier des dons de la nature.

Let's realize once and for all that nature cannot be tampered with indefinitely.

Comprenons une fois pour toutes qu'on ne peut pas jouer indéfiniment avec la nature.

Who is going to start being unselfish for the sake of future generations?

Qui commencera à ne plus être égoïste dans l'intérêt des générations futures ?

38. GLOBAL WARMING
LE RECHAUFFEMENT DE LA PLANETE

climate change	*le changement climatique*
a climate scientist / a climatologist	*un climatologue*
the world is heating up	*le monde se réchauffe*
the planet is choking	*la planète suffoque*
a major shift in the climate	*un bouleversement climatique*
to alter weather patterns	*modifier les tendances climatiques*
weather-related disasters	*les catastrophes liées à la météo*
extreme weather	*des conditions météo extrêmes*
a nightmare scenario	*un scénario catastrophe*
to be caused by human activity	*être causé par l'activité humaine*
to exacerbate the situation	*aggraver la situation*
to devastate	*dévaster*
ozone depletion	*la diminution de la couche d'ozone*
greenhouse gases	*des gaz à effet de serre*
greenhouse gas emissions	*des émissions de gaz à effet de serre*
heat-trapping gases	*des gaz qui retiennent la chaleur*
to emit carbon dioxide	*rejeter du gaz carbonique*
to absorb / to soak up CO_2	*absorber le gaz carbonique*
drought	*la sécheresse*
ice caps	*les calottes glaciaires*
permafrost	*le permafrost*
the melting of glaciers	*la fonte des glaciers*
polar ice is thinning	*la glace polaire s'amenuise*
snow cover is shrinking	*la couche de neige diminue*
glacier retreat	*le recul des glaciers*
a flood	*une inondation*
coastal flooding	*des inondations côtières*
a rise in sea level	*une augmentation du niveau de la mer*
a heat wave	*une vague de chaleur, une canicule*
the Kyoto protocol	*le protocole de Kyoto*
to meet a target	*atteindre un objectif*
to make polluters pay	*faire payer les pollueurs*
to cut one's emissions	*réduire ses émissions de CO_2*
fossil fuels	*des énergies non renouvelables*
alternative energy sources	*des énergies de substitution*
to trap CO_2 in the subsoil	*séquestrer le CO_2 dans le sous-sol*
to store CO_2 in the seas	*stocker le CO_2 dans les océans*
to be particularly at risk	*être particulièrement menacé*
to stop the rot	*redresser la situation*

LES MOTS AU SERVICE DES IDEES

The outlook is bleak. A new climatic regime could undermine ecosystems throughout the world.

Les perspectives sont inquiétantes. Un nouveau régime climatique pourrait détruire les écosystèmes du monde entier.

An abrupt change in climate would prove disastrous for species around the world.

Un changement brutal du climat serait désastreux pour les espèces du monde entier.

Global average temperature is likely to rise by 1.4 to 6 degrees by 2100.

La température moyenne de la planète risque fort d'augmenter de 1,4 à 6 degrés d'ici 2100.

The hole in the ozone layer over Antarctica is bigger than ever.

Le trou dans la couche d'ozone au dessus de l'Antarctique n'a jamais été aussi gros.

The area of northern polar ice has shrunk by 15% in the past 40 years.

La superficie des glaces du pôle Nord a diminué de 15 % au cours des 40 dernières années.

The reduction of pack ice will accelerate over the next 50 years.

La diminution de la banquise va s'accélérer au cours des 50 prochaines années.

Hot summers will double in frequency by 2020.

Il y aura deux fois plus d'étés chauds d'ici 2020.

Many older people will die due to excessive heat.

Beaucoup de personnes âgées mourront en raison d'une trop forte chaleur.

Low-lying areas might well become uninhabitable.

Des régions proches du niveau de la mer risquent fort de devenir inhabitables.

Rising temperatures could aid the spread of malaria.

Des températures en hausse pourraient favoriser la propagation de la malaria.

The consensus among scientists is that global warming is irreversible.

Les scientifiques s'accordent à dire que le réchauffement de la planète est irréversible.

Those least responsible for the situation will suffer its worst impact.

Ce sont ceux qui sont le moins responsables de la situation qui en pâtiront le plus.

At present the US has decided to go it alone.

A l'heure actuelle, les Etats-Unis ont décidé de faire cavalier seul.

The average British family generates about 25 tonnes of CO_2 a year.

La famille britannique moyenne produit environ 25 tonnes de CO_2 par an.

Things would be looking up if there were a shift in consumer habits.

La situation s'améliorerait si les consommateurs changeaient leurs habitudes.

It is time to take effective action to ward off disaster.

Il est temps d'agir efficacement pour éviter le désastre.

It is starting to sink in that we can't ignore nature.

L'idée qu'on ne peut pas ignorer la nature commence à faire son chemin.

39. ENDANGERED SEAS
LES OCEANS EN DANGER

the Atlantic Ocean / the Atlantic	*l'océan Atlantique*
the Pacific Ocean / the Pacific	*l'océan Pacifique*
the North Sea	*la mer du Nord*
the English Channel	*la Manche*
the Red Sea	*la mer Rouge*
the Mediterranean Sea	*la Méditerranée*
the Antarctic Ocean	*l'océan Antarctique, austral*
the Arctic Ocean	*l'océan Arctique*
the Indian Ocean	*l'océan Indien*
coastal areas	*des zones côtières*
sea pollution	*la pollution marine*
to pollute the seas	*polluer les mers*
to empty one's tanks	*dégazer*
an oil spill / an oil slick	*une marée noire, une nappe de pétrole*
an oil tanker	*un pétrolier*
a supertanker	*un pétrolier géant*
coral reefs	*des récifs coralliens*
coral bleaching	*le blanchissement du corail*
shellfish	*les coquillages*
seaweed	*les algues*
the fishing industry	*l'industrie de la pêche*
worldwide fish stocks	*les réserves mondiales de poisson*
to replenish fish stocks	*reconstituer le cheptel piscicole*
the depletion of fish stocks	*la diminution du cheptel piscicole*
to spawn	*se reproduire, frayer*
cod	*la morue*
tuna	*le thon*
salmon	*le saumon*
hake	*le colin, le merlu*
overfishing	*la surpêche*
a fishing boat	*un bateau de pêche*
a (super) trawler	*un chalutier (géant)*
to fish the seas out	*vider les mers à force de pêcher*
to drag huge nets	*traîner d'immenses filets*
to scrape the ocean's bottom	*racler le fond des mers*
state-of-the-art equipment	*un équipement sophistiqué*
a fishery	*une zone de pêche*
to close down fishing	*fermer la pêche*

LES MOTS AU SERVICE DES IDEES

We should all care. The future of humankind is absolutely dependent on the state of the ocean.

Nous sommes tous concernés. L'avenir de l'humanité dépend totalement de l'état de l'océan.

For ages it seemed to be beyond our power to alter the sea in any way but it is no longer so.

Pendant une éternité, changer la mer en quoi que ce soit a semblé hors de notre pouvoir ; ce n'est plus le cas maintenant.

The sea is burdened with oil dumped by millions of motorised vessels.

La mer est pleine de pétrole déversé par des millions de bateaux à moteur.

The sea is the victim of pollution flowing from the land and air.

La mer est victime de la pollution terrestre et aérienne.

Humans are smearing the oceans with millions of tons of hard trash.

L'homme souille l'océan de millions de tonnes de déchets solides.

Fifty years ago albatrosses would never have swallowed toothbrushes, bottle caps, toys and other floating junk to survive.

Il y a cinquante ans, les albatros n'auraient jamais ingurgité des brosses à dents, des capsules de bouteilles, des jouets et autres détritus flottants pour survivre.

The seas of the world used to teem with fish. Today the fishermen's drift nets wreak havoc on fish stocks.

Les mers du monde entier regorgeaient de poisson. Aujourd'hui les filets dérivants des pêcheurs amenuisent considérablement le cheptel piscicole.

North Sea cod stocks are so low that a couple of bad spawning years could trigger disaster.

Les réserves de morue de la mer du Nord sont si basses qu'un frai insuffisant pendant deux ou trois ans pourrait s'avérer désastreux.

Scientists' pleas to introduce fish quotas were ignored for too long.

Les appels des scientifiques pour que soient introduits des quotas de pêche ont été ignorés pendant trop longtemps.

One radical idea might be to pay fishermen not to fish while stocks recover.

Une idée radicale pourrait être de payer les pêcheurs pour qu'ils ne pêchent pas pendant que les réserves se reconstituent.

Coral reefs are threatened by water pollution, soil erosion, fertilizers, fishing with explosives and careless scuba diving.

Les récifs coralliens sont menacés par la pollution de l'eau, l'érosion du sol, les engrais, la pêche à l'explosif et la plongée sous-marine irréfléchie.

The sea is under attack like never before. Without it, Earth would be as barren and inhospitable as Mars.

La mer n'a jamais été aussi menacée qu'aujourd'hui. Sans elle, la Terre serait aussi stérile et inhospitalière que Mars.

40. THE WATER CRISIS
LA CRISE DE L'EAU

blue gold	*l'or bleu*
water needs	*les besoins en eau*
the water shortage / the water scarcity	*la pénurie d'eau*
a water-scarce area	*une région qui manque d'eau*
the lack of drinking water	*le manque d'eau potable*
to be thirsty	*avoir soif*
to die of thirst	*mourir de soif*
water is in short supply	*on manque d'eau*
water tables	*les niveaux hydrostatiques*
underground aquifers	*les nappes aquifères*
ground water	*la nappe phréatique*
seawater	*l'eau de mer*
fresh water	*l'eau douce*
a (man-made) lake	*un lac (artificiel)*
a river	*un fleuve, une rivière*
a stream	*un cours d'eau*
a brook	*un ruisseau*
wetlands	*les zones humides*
a marsh	*un marécage*
to shrink (shrank, shrunk)	*diminuer, rétrécir*
to dry up	*s'assécher*
the rainy season	*la saison des pluies*
rainwater	*l'eau de pluie*
drought	*la sécheresse*
drought-stricken countries	*des pays frappés par la sécheresse*
a flood	*une inondation*
irrigation	*l'irrigation*
a dam	*un barrage*
to dam a river	*construire un barrage sur un fleuve*
to store water	*stocker de l'eau*
a desalination plant	*une usine de dessalement*
to desalinate	*dessaler*
to reduce waste	*réduire le gaspillage*
to recycle water	*recycler l'eau*
to harvest rainwater	*récupérer l'eau de pluie*
water sharing	*le partage de l'eau*
a water war	*une guerre de l'eau*
water-related diseases	*des maladies véhiculées par l'eau*
to address the problem	*s'attaquer au problème*

LES MOTS AU SERVICE DES IDEES

The surface of the planet is two-thirds water, but 97% of it is undrinkable seawater.

Les deux-tiers de la planète sont recouverts d'eau, mais 97 % de celle-ci est de l'eau de mer non potable.

People have always taken water for granted. But where is the water going to come from to supply an ever-increasing world population?

Les gens ont toujours considéré l'eau comme un dû. Mais où trouvera-t-on l'eau pour satisfaire les besoins d'une population mondiale qui ne cesse de s'accroître ?

World water use is expected to triple in the next 50 years.

La consommation mondiale d'eau devrait tripler dans les 50 prochaines années.

Water is unevenly distributed. Some countries have more than they need while others are desperately short.

La répartition de l'eau douce est inégale. Certains pays en ont plus qu'il ne leur en faut alors que d'autres en manquent cruellement.

The stark truth is that in much of the world there isn't enough water, and where there is, it is being wasted, mismanaged and polluted.

La cruelle vérité, c'est que dans beaucoup d'endroits du monde, il n'y a pas assez d'eau et que là où il y en a, elle est gaspillée, mal gérée et polluée.

The industrialised world is used to using water profligately.

Le monde industrialisé a l'habitude d'utiliser l'eau à tort et à travers.

Climate change heralds thirsty times ahead for most.

Le réchauffement de la planète est synonyme de soif pour beaucoup dans les années à venir.

Water lies at the heart of Israel's relationship with its neighbours and is a huge obstacle to peace in the Middle East.

L'eau est au cœur des relations entre Israël et ses voisins et elle est un obstacle considérable à la paix au Moyen-Orient.

Water is central to any attempt to end poverty in the world.

L'eau est au centre de toute tentative visant à éradiquer la pauvreté dans le monde.

Desalination is gaining popularity in countries with shrinking rivers and dwindling water reserves.

Le dessalement est de plus en plus en vogue dans les pays où le niveau des rivières baisse et où les réserves en eau s'amenuisent.

Reverse osmosis consists in forcing seawater through a membrane that filters out the salt.

L'osmose inverse consiste à filtrer l'eau de mer à travers une membrane qui retient le sel.

If we run short of oil, we can use alternative energy sources. If we have no more clean, drinkable water, we are doomed.

Si nous sommes à court de pétrole, nous pouvons utiliser des énergies de substitution. Si nous n'avons plus d'eau propre et potable, nous sommes condamnés.

41. ENDANGERED SPECIES
LES ESPECES EN DANGER

a species	*une espèce*
to be at risk	*être menacé*
to become extinct	*disparaître*
to be on the brink of extinction	*être en voie d'extinction*
to be threatened with extinction	*être menacé de disparition*
to exterminate	*exterminer*
a tiger	*un tigre*
a Bengal tiger / a Siberian tiger	*un tigre du Bengale / de Sibérie*
a tiger skin	*une peau de tigre*
the tiger's habitat	*l'habitat du tigre*
a tiger reserve	*une réserve de tigres*
a wildlife park / a wildlife sanctuary	*une réserve naturelle*
a zoo	*un zoo*
an elephant	*un éléphant*
an elephant tusk	*une défense d'éléphant*
ivory	*l'ivoire*
the ivory trade	*le commerce de l'ivoire*
the ivory trade ban	*l'interdiction du commerce de l'ivoire*
a bear	*un ours*
a mink	*un vison*
a sea turtle	*une tortue de mer*
tortoise shell	*de la carapace de tortue*
a rhino	*un rhinocéros*
rhino horn	*de la corne de rhinocéros*
a hippo	*un hippopotame*
a shark	*un requin*
a sturgeon	*un esturgeon*
a dolphin	*un dauphin*
a sea bird	*un oiseau de mer*
a koala	*un koala*
a giant panda	*un panda géant*
animal trafficking	*le trafic d'animaux*
poaching / to poach	*le braconnage / braconner*
a poacher	*un braconnier*
to hunt / a hunter	*chasser / un chasseur*
to smuggle	*faire de la contrebande*
a smuggler	*un contrebandier*
to crack down on illegal trading	*réprimer le commerce illégal*
an animal rights activist	*un défenseur des droits des animaux*

LES MOTS AU SERVICE DES IDEES

Human greed is threatening the existence of many species.

La cupidité humaine menace l'existence de nombreuses espèces.

Allowing sustainable trade in endangered species would wipe out Africa's wildlife.

Permettre un commerce durable des espèces menacées anéantirait la faune et la flore africaines.

Animal smuggling has become a $15bn-a-year industry worldwide.

Le trafic d'animaux est devenu une industrie mondiale de 15 milliards de dollars par an.

An estimated 38 million creatures – from butterflies to alligators, panthers and monkeys - are removed from the wild in Brazil each year.

On estime que 38 millions d'animaux perdent leur liberté au Brésil chaque année, que ce soient des papillons, des alligators, des panthères ou des singes.

Nigeria, Senegal and Ivory Coast have been named and shamed for allegedly fuelling the illegal ivory trade.

Le Nigeria, le Sénégal et la Côte d'Ivoire ont été montrés du doigt car ils alimenteraient le commerce illégal de l'ivoire.

With human populations growing, many countries are experiencing habitat destruction and human-wildlife conflict.

Avec le développement des populations humaines, de nombreux pays sont confrontés à une destruction du biotope et à des conflits entre l'homme et la faune et la flore.

The world lost more than 90% of its tiger population in the 20th century: around 5,000 remain.

Le monde a perdu plus de 90 % de sa population de tigres au cours du 20e siècle : il en reste environ 5 000.

Despite a moratorium on commercial whaling, each year over 1,000 whales are killed for the commercial market.

Malgré un moratoire sur la pêche commerciale de la baleine, plus de 1 000 baleines sont tuées chaque année à des fins commerciales.

Collision with ships and entanglement in fishing nets threaten the North Atlantic whale and the dolphin with extinction.

Les baleines et dauphins de l'Atlantique nord sont menacés de disparition car ils heurtent les navires et se prennent dans les filets de pêche.

Environmentalists say that explosives and sonar to detect mines and submarines threaten marine animals.

Les défenseurs de l'environnement disent que l'usage d'explosifs et du sonar pour détecter les mines et les sous-marins menace les animaux marins.

Only humans can halt the worst wave of extinction since the dinosaurs died and ensure the survival of many species.

Seul l'homme peut mettre un terme à la pire vague d'extinction depuis la disparition des dinosaures et assurer la survie de nombreuses espèces.

42. ENDANGERED FORESTS
LES FORETS EN DANGER

to save / to preserve the forest	*sauver, sauvegarder la forêt*
the Amazon rainforest	*la forêt pluviale amazonienne*
the tropical forest	*la forêt tropicale*
a cloud forest	*une forêt nuageuse*
a habitat	*un habitat, un biotope*
biodiversity	*la biodiversité*
an ecosystem	*un écosystème*
photosynthesis	*la photosynthèse*
a cedar	*un cèdre*
a sequoia / a redwood	*un séquoia*
a plane tree	*un platane*
an oak	*un chêne*
a pine tree	*un pin*
a sycamore	*un sycomore*
mahogany	*de l'acajou*
deforestation	*la déforestation*
to be under threat	*être menacé*
to encroach upon the forest	*empiéter sur la forêt*
a forest fire	*un incendie de forêt*
to cut down trees	*abattre des arbres*
a treetrunk	*un tronc d'arbre*
logging	*l'abattage des arbres*
a log	*un rondin*
a logger / a woodcutter	*un bûcheron*
timber / lumber	*le bois de charpente*
firewood	*le bois de chauffage*
a timber supplier	*un fournisseur de bois de charpente*
to saw	*scier*
a sawmill (GB) / a lumbermill (US)	*une scierie*
a chain saw	*une tronçonneuse*
reforestation / reafforestation	*la reforestation*
a tree-planting programme	*un programme de plantation d'arbres*
a forester	*un forestier*
the management of the forest	*la gestion de la forêt*
sustainable forestry	*la sylviculture durable*
to prevent soil erosion	*empêcher l'érosion du sol*
to reduce the risk of landslide	*réduire le risque de glissement de terrain*
to soak carbon dioxide	*absorber du gaz carbonique*
the lungs of the planet	*les poumons de la planète*

Two thirds of the world's forests have been lost for ever and an area the size of England and Wales disappears each year.

Les deux-tiers des forêts mondiales ont définitivement disparu et une étendue de la superficie de l'Angleterre et du pays de Galles disparaît chaque année.

Forests are being nibbled at all over the world.

Les forêts sont grignotées dans le monde entier.

Millions of trees are cut down every year to be pulped and turned into paper.

Des millions d'arbres sont abattus chaque année pour être réduits en pâte et transformés en papier.

Ecuador is losing its trees faster than anywhere else in South America: 150,000 hectares of primary forest are felled each year.

L'Equateur perd ses arbres plus vite que partout ailleurs en Amérique du Sud : 150 000 hectares de forêt originale sont abattus tous les ans.

Nearly 20% of the Brazilian Amazonian forest has been cut down to make way for farmland.

Près de 20 % de la forêt amazonienne brésilienne a été abattue pour faire place à des terres arables.

If deforestation continues at the present rate, rainforest in Brazil could be wiped out entirely within 50 years.

Si la déforestation continue au rythme actuel, la forêt pluviale brésilienne pourrait avoir disparu complètement dans moins de 50 ans.

The forest in the Amazon basin could become the granary of the world.

La forêt du bassin amazonien pourrait devenir le grenier à grains du monde.

Brazilian farmers' increasing dependence on soya threatens to destroy the rainforest.

Le fait que les fermiers brésiliens dépendent de plus en plus du soja menace de détruire la forêt pluviale.

The shrinking of the Amazon forest is a disaster for species diversity and global weather patterns.

L'amenuisement de la forêt amazonienne est un désastre pour la biodiversité et pour les tendances climatiques de la planète.

The Amazon is a vast lung that produces 20% of the Earth's oxygen and is home to 30% of all plant and animal species.

L'Amazone est un vaste poumon qui produit 20 % de l'oxygène de la planète et abrite 30 % de toutes les espèces végétales et animales.

Forests can be seen as nature's machine for recycling carbon dioxide. The problem is that we are burning the machine.

Les forêts peuvent être considérées comme la machine qu'utilise la nature pour recycler le gaz carbonique. Le problème, c'est que nous brûlons la machine.

43. DISASTERS
LES CATASTROPHES

a natural disaster	*une catastrophe naturelle*
a climate-related disaster	*une catastrophe climatique*
a man-made disaster	*une catastrophe causée par l'homme*
an air disaster	*une catastrophe aérienne*
a mid-air crash	*une collision en plein vol*
a car crash / a car accident	*un accident de la route*
to collide with	*entrer en collision avec*
a derailment	*un déraillement*
to derail / to be derailed	*dérailler*
a shipwreck	*un naufrage*
to sink (sank, sunk)	*couler, sombrer*
to be declared a disaster area	*être déclaré zone sinistrée*
a flood	*une inondation*
to be in spate	*être en crue*
to overflow / to break one's banks	*sortir de son lit*
a storm	*un orage, une tempête*
a hurricane	*un ouragan*
strong winds	*des vents violents*
to blow at 100 miles per hour	*souffler à 160 km à l'heure*
a tornado	*une tornade*
a cyclone	*un cyclone*
a typhoon	*un typhon*
monsoon	*la mousson*
drought	*la sécheresse*
a forest fire	*un incendie de forêt*
a heat wave	*une canicule*
a cold spell	*une vague de froid*
a volcanic eruption	*une éruption volcanique*
a landslide	*un glissement de terrain*
an earthquake	*un tremblement de terre*
an earthquake measuring 7.8 on the Richter scale	*un tremblement de terre de 7,8 sur l'échelle de Richter*
an aftershock	*une réplique*
a tidal wave	*un raz-de-marée*
a tsunami	*un tsunami*
an avalanche	*une avalanche*
to devastate	*dévaster*
to be homeless	*être sans abri*
to anticipate hazards	*prévenir les risques*

LES MOTS AU SERVICE DES IDEES

There is nothing much we can do against the freaks of nature.

On ne peut pas faire grand chose contre les caprices de la nature.

In less than ten years, natural disasters took 880,000 lives.

En moins de dix ans, les catastrophes naturelles ont fait 880 000 victimes.

Around 10 million people are at constant risk of coastal flooding now.

Une dizaine de millions de personnes sont maintenant sous la menace permanente d'inondations côtières.

December 26, 2004. The world watched in disbelief as the giant killer waves crashed ashore across South Asia.

26 décembre 2004. Le monde a regardé incrédule les vagues tueuses géantes déferler sur les côtes du sud de l'Asie.

Whole villages were wiped out by the earthquake.

Des villages entiers ont été rayés de la carte par le tremblement de terre.

California has long been obsessed by the threat of a "big one".

La Californie est obsédée depuis longtemps par la menace d'un « méga-séisme ».

Japan is in a disaster-prone area and has built earthquake-proof buildings accordingly.

Le Japon est dans une zone à risque et a construit en conséquence des immeubles capables de résister aux tremblements de terre.

Some scientists think we may have entered a new cycle of hurricane activity after relative calm over the previous 30 years.

Certains scientifiques pensent que nous sommes peut-être entrés dans un nouveau cycle d'activité cyclonique après une accalmie relative ces 30 dernières années.

Heat waves are a silent killer, mostly affecting the elderly, the very young or the chronically ill.

Les canicules, qui touchent surtout les personnes âgées, les enfants en bas âge, ou les malades atteints d'une affection chronique, tuent sans bruit.

More than two decades ago climate scientists predicted a greater frequency of "extreme" climate events.

Il y a plus de vingt ans, les climatologues prédisaient que les catastrophes climatiques seraient plus fréquentes.

According to scientists, more catastrophic wildfires are a near certainty in Southern California.

Selon les scientifiques, d'autres incendies de forêt dévastateurs sont presque inéluctables dans le sud de la Californie.

Forest fires are the result of sprawl, arsonists and vegetation that needs to burn.

Les incendies de forêt sont dus au fait que l'homme occupe toujours plus d'espace, aux pyromanes et à la végétation qui a besoin de brûler.

Human activities are changing the natural balance of the Earth.

L'activité de l'homme change l'équilibre naturel de la Terre.

44. HURRICANE KATRINA
L'OURAGAN KATRINA

a category four hurricane	*un ouragan de catégorie quatre*
a tragedy foretold	*une tragédie annoncée*
a calamity waiting to happen	*une catastrophe inévitable*
to be vulnerable to a hurricane	*ne pas être protégé contre un ouragan*
to be built below sea level	*être bâti en dessous du niveau de la mer*
to be ill-equipped to withstand a hurricane	*être mal équipé pour résister à un ouragan*
to hit / to strike Louisiana	*frapper la Louisiane*
to obliterate the city	*rayer la ville de la carte*
to flood the streets	*inonder les rues*
to tear the roofs	*arracher les toits*
to ruin the power grid	*dévaster le réseau électrique*
to pummel the city with winds of 145mph	*s'abattre sur la ville avec des vents de 233 km/h*
to cause huge damage to property	*causer d'énormes dégâts matériels*
to take a very heavy toll	*faire de très nombreuses victimes*
to be blown away	*être emporté par le vent*
to be trapped in one's house	*être prisonnier dans sa maison*
to be stranded without food and water	*se retrouver sans nourriture et sans eau*
looting / a looter	*le pillage / un pillard*
to mishandle a disaster	*mal gérer une catastrophe*
to misjudge the scale of the disaster	*mal évaluer l'ampleur de la catastrophe*
high-level incompetence	*l'incompétence au plus haut niveau de l'Etat*
to pass the buck	*rejeter la responsabilité sur qqn d'autre*
to own up to one's mistake	*faire son mea culpa*
the relief effort	*les secours, l'aide*
a rescue worker	*un sauveteur*
to fear an epidemic	*craindre une épidémie*
to order the evacuation of the city	*ordonner l'évacuation de la ville*
to pump out the water	*pomper l'eau*
the aftermath of Katrina	*les conséquences de Katrina*
to cause lasting economic damage	*avoir des répercussions économiques durables*
the political fallout of Katrina	*les retombées politiques de Katrina*

August 30, 2005. Hurricane Katrina submerged New Orleans, leaving a trail of death and destruction.

30 août 2005. L'ouragan Katrina a submergé la Nouvelle-Orléans, semant la mort et détruisant tout sur son passage.

Katrina may well turn out to be the worst natural disaster in US history.

Katrina risque d'être la plus grande catastrophe naturelle de l'histoire des Etats-Unis.

When levees broke after the storm, water rose as high as 6m, flooding 80% of New Orleans.

Quand des digues ont cédé suite à l'ouragan, l'eau est monté jusqu'à une hauteur de 6 mètres et a inondé 80 % de la Nouvelle-Orléans.

Several oil rigs drifted in the Gulf of Mexico.

Plusieurs plate-formes pétrolières ont dérivé dans le golfe du Mexique.

The city's infrastructure was woefully inadequate for what had been an oft-predicted flood.

Les infrastructures de la ville étaient cruellement inadaptées pour faire face à une inondation qui avait été annoncée maintes fois.

America was so concerned about the possibility of a terrorist attack that it failed to prepare for a much more inevitable disaster.

L'Amérique était tellement préoccupée par la possibilité d'un attentat qu'elle ne s'est pas préparée à une catastrophe beaucoup plus susceptible de se produire.

What was at first a natural disaster rapidly became a man-made debacle.

Ce qui était tout d'abord une catastrophe naturelle est vite devenu une débâcle causée par l'homme.

Watching helpless New Orleans suffering left people everywhere stunned and angry.

Regarder la Nouvelle-Orléans souffrir désespérément a frappé les gens de stupeur et les a mis en colère partout.

Those who were trapped and felt the full force of Katrina were black, poor and car-less.

Ceux qui ont été piégés et qui ont été frappés de plein fouet par la puissance de Katrina étaient noirs, pauvres et n'avaient pas de voiture.

Because of Katrina's devastation, Americans may finally be waking up to the injustice that still pervades their country.

Il se pourrait que les ravages de Katrina fassent enfin prendre conscience aux Américains de l'injustice qui continue de régner dans leur pays.

Hurricane Katrina is perhaps the best chance of persuading Washington that global warming is a reality.

L'ouragan Katrina est peut-être la meilleure chance de convaincre Washington que le réchauffement de la planète n'est pas une vue de l'esprit.

45. THE PLASTIC INVASION
L'INVASION DU PLASTIQUE

plastic pollution	*la pollution due au plastique*
a plastic bag / bottle	*un sac / une bouteille en plastique*
a plastic pellet	*une boulette de plastique*
the plastic-bag industry	*l'industrie du sac plastique*
the polythene industry	*l'industrie du polyéthylène*
to block drains	*boucher les égouts*
to worsen the effects of floods	*aggraver les effets des inondations*
to be a threat to the environment	*être une menace pour l'environnement*
environmental irresponsibility	*l'irresponsabilité environnementale*
to drift on the surface of the water	*dériver à la surface de l'eau*
to hang around in the environment	*traîner dans la nature*
to be strewn around the streets / to litter the streets	*joncher les rues*
to bluster around the streets	*voltiger dans les rues*
to be stuck in the branches of trees	*être collé dans les branches des arbres*
to flap in trees	*claquer au vent dans les arbres*
to ravage the environment	*ruiner l'environnement*
to scar the landscape	*défigurer le paysage*
to spoil the view	*gâcher la vue*
visual pollution	*la pollution visuelle*
to be drowning in an ocean of plastic	*être noyé sous un océan de plastique*
to dispose of / to throw away a bag	*jeter un sac*
to bin a bag	*mettre un sac à la poubelle*
the durability / the life expectancy	*la durée de vie (d'un sac)*
non biodegradable	*qui n'est pas biodégradable*
bags do not decompose	*les sacs ne se désagrègent pas*
to biodegrade	*être biodégradable*
a supermarket checkout	*une caisse de supermarché*
to launch a 100% degradable bag	*lancer un sac 100 % biodégradable*
to declare war on plastic	*déclarer la guerre au plastique*
the bag tax (in Ireland)	*la taxe sur les sacs (en Irlande)*
to charge a customer for a bag	*faire payer un sac à un client*
a reusable bag	*un sac réutilisable*
to encourage people to reuse a bag	*inciter les gens à réutiliser un sac*
to recycle a bag	*recycler un sac*
to take drastic action	*prendre des mesures draconiennes*
to slash plastic bag usage by 60%	*réduire l'utilisation des sacs plastique de 60 %*

LES MOTS AU SERVICE DES IDEES

The plastic bag has become public enemy number one.
Le sac plastique est devenu l'ennemi public numéro un.

Since it was introduced in the 1970s, the plastic bag has become part of our lives.
Depuis son apparition dans les années 70, le sac plastique fait partie intégrante de notre vie.

It is not known exactly how long a plastic bag lasts.
On ne connaît pas la durée de vie exacte d'un sac.

A study carried out for an Irish supermarket chain concluded a plastic bag can last for a million years.
Une étude menée par un supermarché irlandais a montré que la durée de vie d'un sac plastique pouvait être d'un million d'années.

Most households have dozens of plastic bags stuffed into a drawer.
La plupart des foyers ont des dizaines de sacs plastique entassés dans un tiroir.

Bags are nicknamed "white pollution" in China and "witches' knickers" in Ireland.
En Chine, on appelle les sacs « la pollution blanche » et en Irlande, « des culottes de sorcières ».

Plastic bags can be a fatal hazard to wildlife.
Les sacs plastique peuvent être un risque mortel pour la faune et la flore.

Plastic kills countless seabirds each year.
Le plastique tue chaque année un nombre incalculable d'oiseaux marins.

Sea turtles often mistake bags for tasty jellyfish.
Les tortues de mer prennent souvent les sacs pour de délicieuses méduses.

Plastic bags account for less than 1% of the rubbish sent to landfill sites.
Les sacs plastique représentent moins de 1 % des détritus qui arrivent dans les déchetteries.

Most of the food we buy in supermarkets is overpackaged.
La plupart de la nourriture que nous achetons dans les supermarchés est suremballée.

People in the United States chuck away 3m plastic bottles every hour.
Les Américains jettent 3 millions de bouteilles en plastique toutes les heures.

Governments the world over have joined the fight to sack the carrier bag for good.
Les gouvernements du monde entier se sont associés au combat pour l'éradication du sac plastique.

Why not do the world a good turn and join the plastic chase?
Pourquoi ne pas rendre service au monde et s'associer à la chasse au plastique ?

Plastic bags are nowhere near the world's worst environmental problem.
Les sacs plastique sont loin d'être le pire problème environnemental du monde.

46. WASTE AND RECYCLING
GASPILLAGE ET RECYCLAGE

(GB) rubbish / refuse / litter	*les déchets, les ordures, les détritus*
(US) trash / garbage	*les déchets, les ordures, les détritus*
household waste / household refuse	*les ordures ménagères*
food waste	*les déchets alimentaires*
industrial waste	*les déchets industriels*
chemical waste	*les déchets chimiques*
toxic waste	*les déchets toxiques*
nuclear waste	*les déchets nucléaires*
radioactive waste	*les déchets radioactifs*
organic waste	*les déchets organiques*
a waste disposal (unit)	*un broyeur à ordures*
waste treatment	*le traitement des déchets*
waste management	*la gestion des déchets*
the refuse collection	*le ramassage / la collecte des ordures*
a dustbin (GB) / a garbage can / a trash can(US)	*une poubelle*
a dustman (GB) / a garbage man / a garbage collector (US)	*un éboueur*
to waste	*gaspiller*
to throw away	*jeter*
to dump waste	*jeter, déposer des ordures*
a rubbish dump / a rubbish tip	*une décharge publique*
an illicit rubbish dump	*une décharge sauvage*
a landfill site	*un site d'enfouissement*
a waste paper basket (GB) / a wastebasket (US)	*une corbeille à papier*
a kitchen bin	*une poubelle de cuisine*
the throw-away society	*la société de gaspillage*
to be wasteful of sth	*gaspiller qqch*
to have wasteful habits	*avoir l'habitude de gaspiller*
to use energy wastefully	*gaspiller l'énergie*
to raise awareness about recycling	*sensibiliser au recyclage*
the recycling industry	*l'industrie du recyclage*
a recycling plant	*une usine de recyclage*
a recycling scheme	*un programme de recyclage*
to recycle glass	*recycler du verre*
the bottle bank	*le conteneur pour la collecte du verre usagé*
recycled paper	*le papier recyclé*
recyclable cardboard	*le carton recyclable*

LES MOTS AU SERVICE DES IDEES

The British are the worst in the world for waste, throwing out more than 30% of the food they buy and grow each year.

Ce sont les Britanniques qui gaspillent le plus dans le monde, jetant plus de 30 % de la nourriture qu'ils achètent et qu'ils produisent tous les ans.

It is estimated that the wasted food in Britain is worth between £8bn and £16bn a year.

On estime que la nourriture gaspillée chaque année en Grande-Bretagne représente une somme entre13 et 26 milliards d'euros.

Some 17m tonnes of food is sent to British landfill sites each year.

Quelque 17 millions de tonnes de nourriture finissent chaque année dans les sites d'enfouissement britanniques.

Britain depends on developing countries to recycle its rubbish.

La Grande-Bretagne est dépendante des pays en développement pour le recyclage de ses déchets.

More than 7m tonnes of waste paper a year are collected for recycling.

On collecte chaque année plus de 7 millions de tonnes de papier usagé pour le recycler.

For every ton of recycled newsprint twelve trees can be saved.

Chaque tonne de papier journal recyclé permet de sauver douze arbres.

Companies are almost inconceivably wasteful.

Le gaspillage dans les entreprises est presque inconcevable.

Thousands of London offices dump millions of plastic cups every year. Some are now being turned into pencils.

Des milliers de bureaux à Londres jettent des millions de gobelets en plastique tous les ans dont certains sont maintenant transformés en crayons.

The most important thing is to educate the citizen.

Le plus important est d'éduquer le citoyen.

One of the important things about recycled products is that there is no point in making them unless people buy them.

L'une des choses importantes à propos des produits recyclés, c'est que cela ne sert à rien de les faire si les gens ne les achètent pas.

Millions of mobile phones are discarded every year with the risk of spilling toxic chemicals into the environment.

Des millions de téléphones portables sont jetés chaque année au risque de déverser des déchets toxiques dans la nature.

A school is a very easy place to make people more aware of recycling because the pupils take that message home.

Une école est un lieu privilégié pour sensibiliser les gens au recyclage car les élèves font passer le message à la maison.

Are you prepared to declare war on waste to save the world?

Etes-vous prêt à faire la chasse au gaspillage pour sauver le monde ?

47. OIL
LE PETROLE

a non-renewable energy source	*une énergie non-renouvelable*
black gold	*l'or noir*
the oil industry	*l'industrie pétrolière*
crude oil	*le pétrole brut*
(GB) petrol / (US) gas	*l'essence*
fuel oil / heating oil	*le fioul domestique*
diesel / diesel oil	*le gazole*
a barrel of oil	*un baril de pétrole*
an oil-producing country	*un pays producteur de pétrole*
an oil-consuming country	*un pays consommateur de pétrole*
an oil producer / an oil consumer	*un pays producteur / consommateur*
an oil exporter / an oil importer	*un pays exportateur / importateur*
OPEC countries	*les pays de l'OPEP*
to export / to import	*exporter / importer*
an oil company	*une compagnie pétrolière*
an oil well	*un puits de pétrole*
an oil rig	*une plate-forme pétrolière*
oil drilling	*l'exploration pétrolière*
oil reserves / resources	*les réserves / ressources pétrolières*
oil refinement	*le raffinage du pétrole*
an oil refinery	*une raffinerie*
to be inexhaustible	*être inépuisable*
to strike oil	*découvrir du pétrole*
an oil field	*un gisement de pétrole*
an oil pipeline	*un oléoduc*
an oil by-product	*un dérivé du pétrole*
an oil tanker / a tanker	*un pétrolier (le navire)*
the oil crisis	*la crise pétrolière*
an oil shock	*un choc pétrolier*
an oil embargo	*un embargo sur le pétrole*
the oil shortage / the oil scarcity	*la pénurie de pétrole*
to run out of oil	*manquer de pétrole*
peak oil	*le pic de production du pétrole*
oil prices are sky-high	*les prix du pétrole sont exorbitants*
an oil price rise / increase / hike	*une augmentation du prix du pétrole*
the energy bill	*la facture énergétique*
to be dependent / reliant on oil	*être dépendent du pétrole*
reliance / dependence on oil	*la dépendance du pétrole*
to cut oil consumption	*réduire la consommation de pétrole*

LES MOTS AU SERVICE DES IDEES

Oil is a finite supply and supplies will eventually run dry.

Les ressources pétrolières sont limitées et finiront par être épuisées.

The planet's oil supplies will be exhausted much sooner than previously thought.

Les réserves de la planète seront épuisées bien plus tôt qu'on ne le pensait.

World oil production will peak soon after 2010.

La production mondiale de pétrole déclinera peu après 2010.

Coal, oil and gas power stations between them produce about 80% of the world's power.

Environ 80 % de l'énergie mondiale provient des centrales qui fonctionnent au charbon, au pétrole et au gaz.

Oil isn't just used for fuel. It provides us with over 6,000 different products such as tar, plastics and fertilizers.

Le pétrole n'est pas utilisé uniquement pour le carburant. Il nous fournit plus de 6 000 produits différents tels que le goudron, les matières plastiques et les engrais.

The price of a barrel of crude keeps rising and some experts think it could reach $100.

Le prix d'un baril de brut ne cesse de monter et certains experts pensent qu'il pourrait atteindre cent dollars.

The crisis is likely to last and high prices are here to stay.

La crise risque de durer et les prix ne sont pas près de baisser.

Record oil prices pose a significant risk to the global economy and cut the real incomes of consumers.

Les prix records du pétrole sont une menace réelle pour l'économie mondiale et grèvent le budget des consommateurs.

Human activities that contribute to climate change include in particular the burning of fossil fuels.

L'activité humaine qui contribue au réchauffement de la planète comprend en particulier la combustion d'énergies fossiles.

For environmental and economic reasons, the Americans will be better off if they find ways to use less oil.

Pour des raisons environnementales et économiques, les Américains se porteront mieux s'ils trouvent des moyens de consommer moins de pétrole.

Oil has the world over a barrel. The end of cheap fossil fuels will end a whole way of life.

Le pétrole tient le monde à sa merci. La fin des énergies fossiles bon marché mettra un terme à tout un mode de vie.

The exhaustion of oil supplies could prove a blessing in disguise for humanity.

L'épuisement des ressources pétrolières pourrait s'avérer un mal pour un bien pour l'humanité.

48. CAR POLLUTION
LA POLLUTION AUTOMOBILE

car exhausts / exhaust fumes / car emissions	*des gaz d'échappement*
a toxic cloud	*un nuage toxique*
air pollution	*la pollution atmosphérique*
a pollutant	*un polluant*
ozone	*l'ozone*
nitrogen dioxide / nitrogen oxide	*le dioxyde / le monoxyde d'azote*
sulphur dioxide	*le dioxyde de soufre*
carbon dioxide / CO2	*le gaz carbonique*
smog	*le smog*
petrol (GB) / gas (US)	*l'essence*
diesel / diesel fuel	*du gazole*
unleaded petrol	*de l'essence sans plomb*
LPG	*du GPL*
fuel consumption	*la consommation de carburant*
a pollution warning system	*un système d'alerte anti-pollution*
to monitor air quality	*mesurer la qualité de l'air*
an emergency anti-pollution plan	*un plan anti-pollution d'urgence*
the grade-three alert	*le niveau 3 de pollution*
a pollution peak	*un pic de pollution*
record pollution levels	*des niveaux records de pollution*
to pollute	*polluer*
to be heavily polluted	*être fortement pollué*
to irritate the respiratory tract	*irriter les voies respiratoires*
respiratory problems	*des problèmes respiratoires*
smog-related problems	*des problèmes liés au smog*
asthma	*de l'asthme*
to attack the eyes	*attaquer les yeux*
to breathe	*respirer*
to fight for breath	*essayer de respirer*
ethanol	*l'éthanol*
biofuel / green fuel	*le biocarburant, le pétrole vert*
beetroot / beet	*de la betterave*
sunflower	*le tournesol*
a fuel-efficient car	*une voiture qui consomme peu*
a gas-guzzler (US)	*une voiture qui consomme beaucoup*
an electric car	*une voiture électrique*
a hybrid / a hybrid car	*une voiture hybride*
a fuel cell car	*une voiture à pile à combustible*
a hydrogen car	*une voiture à hydrogène*

LES MOTS AU SERVICE DES IDEES

There is so much pollution in New York that joggers often wear masks when running.

La pollution est telle à New York que les joggeurs portent souvent un masque quand ils courent.

Paris is regularly covered in a health-threatening yellow-grey pall on windless days.

Les jours où il n'y a pas de vent, Paris est régulièrement recouvert d'un linceul gris-jaune nuisible à la santé.

To help clear the air when pollution levels peak, the authorities have no choice but to impose driving restrictions.

Pour assainir l'air quand il y a des pics de pollution, les autorités n'ont d'autre choix que d'imposer des restrictions de circulation.

One solution is to allow drivers to enter the city only on alternate days.

Une solution est de permettre aux automobilistes de ne rentrer dans la ville qu'un jour sur deux.

The time will come when traffic will have to be banned from cities altogether.

Le jour viendra où il faudra interdire complètement la circulation dans les villes.

Hybrids – cars that run on both petrol and electricity – are catching on.

Les voitures hybrides, des voitures qui roulent à la fois à l'essence et à l'électricité, commencent à prendre.

Cars that run on fuel cells – widely expected to be the cars of the future – are still ten years off.

Les voitures qui roulent avec des piles à combustible, qu'on considère un peu partout comme les voitures de demain, ne seront pas au point avant dix ans.

If they are to compete against conventional petrol-powered vehicles, fuel cell cars will have to be much cheaper.

Si elles veulent concurrencer les voitures à essence traditionnelles, les voitures à pile à combustible devront être beaucoup moins chères.

More efficient public transport and car sharing would greatly help reduce car pollution in cities.

Des transports en commun plus efficaces et le covoiturage contribueraient sérieusement à réduire la pollution automobile dans les villes.

Why not systematically suspend all fares on public transport when the air really becomes unbreathable?

Pourquoi ne pas instaurer systématiquement la gratuité des transports en commun quand l'air devient vraiment irrespirable ?

If we don't want to choke to death in the future, we will probably have to give up all non-essential car trips.

Si nous ne voulons pas périr d'asphyxie dans l'avenir, il nous faudra probablement renoncer à tous les voyages en voiture qui ne sont pas indispensables.

49. RENEWABLE ENERGY SOURCES
LES ENERGIES RENOUVELABLES

alternative energy (sources)	*les énergies de substitution*
renewables	*des énergies renouvelables*
to meet the energy challenge	*relever le défi énergétique*
rising energy needs	*des besoins énergétiques croissants*
a more sustainable energy system	*un système énergétique plus durable*
energy consumption	*la consommation d'énergie*
energy production	*la production d'énergie*
energy supplies	*les approvisionnements en énergie*
the demand for energy	*la demande d'énergie*
to produce energy	*produire de l'énergie*
to consume energy	*consommer de l'énergie*
to generate electricity	*produire de l'électricité*
to store energy	*stocker de l'énergie*
to provide / to supply energy	*fournir de l'énergie*
to harness energy	*exploiter l'énergie*
to convert energy	*transformer l'énergie*
to waste / to save energy	*gaspiller/ économiser l'énergie*
the energy crisis	*la crise de l'énergie*
energy conservation	*les économies d'énergie*
to make savings on energy use	*faire des économies d'énergie*
the post-oil era	*l'après-pétrole*
wind power	*l'énergie éolienne*
a windmill	*une éolienne*
a windfarm	*une ferme éolienne*
a turbine	*une turbine*
hydropower	*l'hydroélectricité*
a dam	*un barrage*
hydrogen	*l'hydrogène*
solar energy / solar power	*l'énergie solaire*
the sun's heat	*la chaleur du soleil*
a solar panel	*un panneau solaire, capteur solaire*
bioenergy	*la bioénergie*
biogas	*le biogaz*
to burn biomass	*brûler la biomasse*
geothermal energy	*la géothermie*
heat derived from the earth	*la chaleur provenant de la terre*
a hot spring	*une source chaude*
tidal power / tidal energy	*l'énergie maréemotrice*
non polluting	*non polluant*

There are alternatives to oil, gas, coal and nuclear energy.

Le pétrole, le gaz, le charbon et le nucléaire ne sont pas les seules solutions possibles.

Clean and efficient hydrogen is a much-vaunted alternative energy source.

L'hydrogène propre et performant est une énergie de substitution dont on vante beaucoup les mérites.

By 2050 the world will double its use of energy.

D'ici 2050, les besoins énergétiques de la planète seront multipliés par deux.

We are faced with the daunting task of meeting the growing demand for energy without damaging the environment.

L'impressionnante tâche qui est la nôtre est de satisfaire la demande croissante d'énergie sans détériorer l'environnement.

The world needs low-emission and low-carbon energy.

Le monde a besoin d'une énergie peu polluante et qui rejette peu de gaz carbonique.

European countries are increasingly turning to wind power but questions remain about its cost-effectiveness and sustainability.

Les pays européens se tournent de plus en plus vers l'énergie éolienne mais on s'interroge encore sur sa rentabilité et sa durabilité.

Some complain that windmills are an eyesore.

Certains se plaignent que les éoliennes sont très laides.

Wind speed is variable and unreliable.

La vitesse du vent est variable et n'est pas fiable.

Solar energy is free, renewable and silent but of limited use in cloudy places.

L'énergie solaire est gratuite, renouvelable et silencieuse mais d'un usage limité dans les endroits nuageux.

Photovoltaic cells are one of the few renewable technologies that can be integrated into the urban landscape.

Les cellules photovoltaïques sont l'une des rares technologies renouvelables à pouvoir s'intégrer dans le paysage urbain.

Geothermal energy comes from the heat in the Earth's core. In Iceland most buildings are heated in this way.

La géothermie provient de la chaleur du noyau terrestre. En Islande, la plupart des bâtiments sont chauffés par cette énergie.

Men have always dreamed of harnessing the restless tides and currents of the ocean to serve the planet's energy needs.

L'homme a toujours rêvé d'exploiter les marées et courants incessants de l'océan pour fournir de l'énergie à la planète.

Perhaps the tide is finally starting to turn on fossil fuel consumption.

Les choses commencent peut-être enfin à changer en ce qui concerne la consommation d'énergies fossiles.

50. NUCLEAR ENERGY
L'ENERGIE NUCLEAIRE

nuclear physics	*la physique nucléaire*
a nuclear scientist	*un physicien nucléaire*
nuclear fusion / fission	*la fusion / la fission nucléaire*
a nuclear reactor	*un réacteur nucléaire*
a nuclear test	*un essai nucléaire*
a nuclear-testing area	*une zone d'essais nucléaires*
a fallout shelter	*un abri atomique*
a nuclear bomb	*une bombe atomique*
nuclear / radioactive waste	*les déchets nucléaires / radioactifs*
to release a radioactive cloud	*libérer un nuage radioactif*
radioactive fallout	*les retombées radioactives*
to be irradiated	*être irradié*
an atom	*un atome*
a particle accelerator	*un accélérateur de particules*
a fast breeder reactor	*un surgénérateur*
a crack in a nuclear reactor	*une fissure dans un réacteur nucléaire*
a nuclear power station / power plant	*une centrale nucléaire*
nuclear facilities	*des installations nucléaires*
to operate a plant	*faire fonctionner une centrale*
a nuclear weapon / a nuke	*une arme nucléaire*
a nuclear-free zone	*une zone dénucléarisée*
plutonium	*le plutonium*
(enriched) uranium	*l'uranium (enrichi)*
a nuclear reprocessing plant	*une usine de retraitement des déchets nucléaires*
nuclear fuel	*le combustible nucléaire*
the nuclear capability of a country	*la capacité nucléaire d'un pays*
to generate electricity	*produire de l'électricité*
the generation of electricity	*la production d'électricité*
to reduce the cost of energy	*réduire le coût de l'énergie*
to meet power demand	*satisfaire les besoins énergétiques*
nuclear disarmament	*le désarmement nucléaire*
to go nuclear	*se convertir au nucléaire*
nuclear deterrence	*la dissuasion nucléaire*
to write off the nuclear option	*renoncer au nucléaire*
radioactive waste disposal	*l'élimination des déchets radioactifs*
an antinuclear activist	*un militant antinucléaire*
an antinuclear protest march	*une manifestation antinucléaire*
to demonstrate (against)	*manifester (contre)*

The age of nuclear power is not yet over.

L'ère du nucléaire n'est pas encore terminée.

Nuclear was reviled for 25 years as man's most dangerous fuel source but is now back on the march.

Considéré comme la source d'énergie la plus dangereuse pour l'homme, le nucléaire a été vilipendé pendant 25 ans mais il regagne à présent du terrain.

Some would like France's reliance on nuclear energy to be still heavier.

Certains voudraient que la France soit encore plus dépendante de l'énergie nucléaire.

The friends of nuclear power are now billing it as the only practical way of countering climate change.

Les partisans du nucléaire disent que c'est maintenant la seule façon concrète de lutter contre les changements climatiques.

Nuclear power plants provide about 17% of the world's electricity.

Les centrales nucléaires fournissent environ 17 % de l'électricité mondiale.

With world electricity demand expected to shoot up, nuclear is now not just an option but a necessity for survival.

Avec la demande mondiale en électricité qui devrait augmenter en flèche, le nucléaire n'est plus seulement une alternative mais une nécessité pour survivre.

Nuclear power generation also releases CO_2 but significantly less than the burning of fossil fuels.

La production d'énergie nucléaire libère aussi du CO_2 mais nettement moins que la combustion d'énergies fossiles.

If wind power is found not to be meeting targets, then pressure to build new nuclear stations will be enormous.

S'il s'avère que l'énergie éolienne n'atteint pas ses objectifs, alors la pression pour construire de nouvelles centrales nucléaires sera énorme

Some environmentalists traditionally hostile to nuclear say that global warming is leading them to think again.

Certains écologistes traditionnellement hostiles au nucléaire disent que le réchauffement de la planète les amène à reconsidérer les choses.

Safety fears have been a problem since Chernobyl in 1986.

Depuis Tchernobyl en 1986, on craint toujours pour la sécurité.

Lots of people developed leukemia or skin cancer after Chernobyl.

Des quantités de gens ont été atteints de leucémie ou de cancer de la peau après Tchernobyl.

Spent fuel from nuclear power plants remains toxic for centuries and there is no safe permanent storage facility for it.

Le combustible nucléaire utilisé dans les centrales reste toxique pendant des siècles et il n'y a pas de site de stockage permanent qui soit sans risque.

51. THE ECONOMIC SITUATION
LA SITUATION ECONOMIQUE

the world economy	*l'économie mondiale*
economic activity	*l'activité économique*
economic growth	*la croissance économique*
economic reform	*la réforme économique*
an economic policy	*une politique économique*
the economic crisis	*la crise économique*
to be in crisis	*être en crise*
an ailing economy	*une économie mal en point*
economic troubles	*des difficultés économiques*
economic stagnation	*la stagnation économique*
to stagnate	*stagner*
a slowdown in the economy	*un ralentissement de l'économie*
an economic slump / an economic downturn	*une dépression, un marasme économique*
the credit crunch	*la crise du crédit*
stagflation / slumpflation	*la stagflation (inflation + récession)*
the inflation rate	*le taux d'inflation*
the cost of living	*le coût de la vie*
the buying power / the purchasing power	*le pouvoir d'achat*
the living standard	*le niveau de vie*
to weather a crisis	*surmonter une crise*
(the) economic recovery	*la reprise économique*
an economic upturn	*un redressement économique*
to revive / to restart / to stimulate / to reflate the economy	*relancer l'économie*
to get the economy going again	*faire redémarrer l'économie*
to boost the economy	*donner du tonus à l'économie*
an upswing in economic growth	*une amélioration de la croissance économique*
to sustain economic growth	*soutenir la croissance économique*
a trade surplus	*une balance commerciale excédentaire*
a trade deficit	*une balance commerciale déficitaire*
to be in deficit / to be in the red	*être en déficit*
the Chancellor of the Exchequer	*le Chancelier de l'Echiquier (= le ministre des Finances en GB)*
austerity measures	*des mesures d'austérité*
a wage and price freeze	*un blocage des prix et des salaires*
the Stock Exchange is going up / down	*la Bourse monte / baisse*

LES MOTS AU SERVICE DES IDEES

Economies have peaks and troughs.

Les économies ont des hauts et des bas.

The economic outlook is bleak.

Les perspectives économiques sont sombres.

Economic indicators have turned red.

Les clignotants économiques sont au rouge.

The economy is overheating

L'économie est en surchauffe.

The economy is entering a period of recession.

L'économie entre dans une période de récession.

The closure of the factory came as a heavy blow to the local economy.

La fermeture de l'usine a été un coup sévère porté à l'économie locale.

Economic recovery has been sluggish so far.

La reprise économique a été timide jusqu'à maintenant.

The recession has brought many companies to their knees.

La récession a mis de nombreuses entreprises à genoux.

The European economy is lagging behind the American economy.

L'économie européenne est à la traîne par rapport à l'économie américaine.

The recent wage rises could trigger an inflationary spiral.

Les récentes augmentations de salaires pourraient entraîner une spirale inflationniste.

Stocks could take a tumble if the economic situation goes on deteriorating.

Les actions pourraient dégringoler si la conjoncture économique continue à se détériorer.

The country's economy is beginning to revive.

L'économie du pays commence à redémarrer.

The French economy is finally beginning to pick up again.

L'économie française commence enfin à repartir.

Such measures should be a major boost to the economy.

De telles mesures devraient redonner une vitalité certaine à l'économie.

Thanks to the government's recovery plan the economy is back on its feet again.

Grâce au plan de relance du gouvernement, l'économie s'est rétablie.

The British economy is running out of steam but is performing better than that of many European countries.

L'économie britannique s'essouffle mais se comporte mieux que celle de beaucoup de pays européens.

A thriving economy is always good for the morale of a country.

Une économie prospère fait toujours du bien au moral d'un pays.

52. UNEMPLOYMENT
LE CHOMAGE

unemployment / joblessness	*le chômage*
the unemployment rate	*le taux de chômage*
unemployment figures / statistics	*les chiffres du chômage*
to be unemployed / jobless / out of work / out of a job	*être au chômage*
the unemployed / the jobless	*les chômeurs*
an unemployed man / woman	*un chômeur, une chômeuse*
the long-term unemployed	*les chômeurs de longue durée*
the job market / the labour market	*le marché de l'emploi, du travail*
a job seeker / a job hunter	*un demandeur d'emploi*
to look for work / to look for a job	*chercher du travail*
to apply for a job	*postuler pour un emploi*
a job application	*une demande d'emploi*
a job applicant	*un postulant à un emploi*
a CV (GB) / a résumé	*un CV*
a redundancy / a layoff	*un licenciement pour raison économique*
to be made redundant / to be laid off	*être licencié pour raison économique*
to be fired / to be sacked	*être mis à la porte, être viré*
job cuts	*des suppressions d'emplois*
to cut jobs / to axe jobs	*supprimer des emplois*
cutback in staff / staff cutback	*une compression de personnel*
to create jobs / to generate jobs	*créer des emplois*
a job creation scheme	*un plan de création d'emplois*
vocational training	*la formation professionnelle*
to be in training / to do training	*être en formation*
a placement	*un stage (pour un étudiant)*
to be on probation	*être à l'essai*
a trainee	*un stagiaire*
the job centre	*l'agence pour l'emploi, l'ANPE*
a steady job	*un emploi stable*
to be on the dole / on unemployment benefit (GB) / on welfare (US)	*toucher les allocations chômage*
to be entitled to unemployment benefit	*avoir droit aux allocations chômage*
severance pay / redundancy payment	*les indemnités de licenciement*
youth unemployment	*le chômage des jeunes*
community work	*des travaux d'utilité collective*
odd jobs	*les petits boulots*

LES MOTS AU SERVICE DES IDEES

Unemployment is one of the scourges of modern times and hits young and old people alike.

Le chômage est l'un des fléaux des temps modernes et touchent les jeunes comme les vieux.

Most people have a sense of uselesness when they cannot find a job.

La plupart des gens ont un sentiment d'inutilité quand ils n'arrivent pas à trouver du travail.

Some say that the lavish social benefits French unemployed people enjoy do not always encourage them to look for work.

Certains disent que les avantages sociaux considérables dont bénéficient les chômeurs français ne les incitent pas toujours à chercher du travail.

You have a better chance of finding a job if you are prepared to be flexible.

Vous avez une meilleure chance de trouver du travail si vous êtes prêts à vous adapter.

In some countries unemployed people have to take any job offered to them or they lose their unemployment benefit.

Dans certains pays, les chômeurs doivent accepter tout emploi qui leur est proposé, sinon ils perdent leurs allocations chômage.

2,000 jobs have been lost in order to cut costs and boost profits.

2 000 emplois ont été sacrifiés afin de réduire les coûts et d'augmenter les profits.

The staff cutback announced by the management came as a terrible shock to all the workers of the company.

Les mesures de compression de personnel annoncées par la direction ont été un choc terrible pour les travailleurs de l'entreprise.

450 workers joined the dole queue with the closure of the factory.

450 travailleurs sont venus grossir les rangs des chômeurs suite à la fermeture de l'usine.

He has been sent out on placement for training.

Il a été envoyé en stage de formation.

The fall in unemployment is number one priority for any government.

La baisse du chômage est la priorité numéro un de tout gouvernement.

The Prime Minister knows perfectly well he will have to bring down unenmployment if he wants to win the next general election.

Le Premier ministre sait très bien qu'il devra faire baisser le chômage s'il veut gagner les prochaines élections législatives.

Is the sharing of work the solution to unemployment?

Le partage du travail permet-il de résoudre le problème du chômage ?

French employers do not seem to think that the 35-hour working week is a magic cure-all for unemployment.

Les patrons français ne semblent pas penser que la semaine de 35 heures soit un remède miracle contre le chômage.

53. THE WORLD OF WORK
LE MONDE DU TRAVAIL

work	*le travail*
employment	*l'emploi*
full employment	*le plein emploi*
a job	*un emploi, un travail*
a worker	*un travailleur, un ouvrier*
the workforce / the labour force	*la main-d'œuvre*
to work in shifts	*faire les trois huit*
working conditions	*les conditions de travail*
working hours	*les horaires de travail*
a working day (GB) / a work day (US)	*un jour ouvrable, une journée de travail*
the 35-hour working week	*la semaine de 35 heures*
the reduction in the working week	*la réduction du temps de travail*
to work overtime / to do overtime	*faire des heures supplémentaires*
absenteeism	*l'absentéisme*
to work full time / part time	*travailler à plein temps / à mi temps*
a part-time worker / a part timer	*un travailleur à mi temps*
a blue-collar worker	*un travailleur manuel*
an unskilled worker	*un ouvrier non qualifié*
a white-collar worker	*un employé de bureau*
a temp	*un intérimaire*
the staff turnover	*le renouvellement du personnel*
job security	*la sécurité de l'emploi*
employment prospects / job prospects	*les perspectives d'emploi*
to find work / to find a job	*trouver du travail*
a breadwinner	*un soutien de famille*
a fixed-term contract	*un CDD*
a permanent contract	*un CDI*
on-the-job training	*la formation sur le tas*
a civil servant / a state employee	*un fonctionnaire*
a senior civil servant	*un haut fonctionnaire*
the civil service	*la fonction publique*
the public sector	*le secteur public*
the private sector	*le secteur privé*
a low-paid job	*un emploi peu rémunéré*
a highly-paid job	*un emploi bien rémunéré*
a responsible job / a job with responsibilities	*un poste à responsabilités*
career prospects	*les perspectives de carrière*
a career track	*un plan de carrière*

Woe to those who cannot adapt to the constantly changing needs of industry.

Malheur à ceux qui ne savent pas s'adapter aux perpétuels changements des besoins de l'industrie.

Unskilled workers have more and more difficulty finding a job in a technologically-oriented society.

Les ouvriers non qualifiés ont de plus en plus de mal à trouver du travail dans une société où la technologie prime.

Some young people seem to be much more willing than their parents to trade job security for promotion.

Certains jeunes semblent bien plus disposés que leurs parents à renoncer à la sécurité de l'emploi pour avoir de l'avancement.

A young American with at least two years of college must expect to change jobs at least 11 times during his working life.

Un jeune Américain ayant fait un minimum de deux ans d'études supérieures doit s'attendre à changer d'emploi au moins 11 fois pendant sa vie active.

Asked what kind of job they would like to have later, a vast majority of young French people answered they wanted to be civil servants.

Quand on leur a demandé ce qu'ils aimeraient faire plus tard, une large majorité de jeunes Français a répondu qu'ils voulaient devenir fonctionnaires.

The clash of cultures between public and private sectors has preoccupied politicians and industrialists for a long time.

La différence de culture entre secteur public et secteur privé préoccupe les hommes politiques et les industriels depuis longtemps.

More and more people are offered work contracts with an initial probationary period.

De plus en plus de gens se voient proposer des contrats de travail assortis d'une période d'essai.

American bosses have more power to hire and fire than French bosses.

Les patrons américains peuvent plus facilement embaucher et débaucher que les patrons français.

What does he do for a living?

Quel est son métier ?

Across Europe, vast numbers of employees are failing to turn up for work. Governments and businesses are sick of picking up the tab.

Partout en Europe, de très nombreux employés ne vont pas travailler. Les gouvernements et les entreprises en ont assez de payer la facture.

In France a lot of people prefer to work shorter hours in order to have more time to themselves.

En France, beaucoup de gens préfèrent faire moins d'heures pour avoir plus de temps à eux.

54. THE CORPORATE WORLD
LE MONDE DE L'ENTREPRISE

a company / a firm	*une entreprise, une société*
a multinational (company)	*une (société) multinationale*
a state-owned company	*une entreprise publique*
to privatize / the privatization of	*privatiser / la privatisation de*
a medium-sized business	*une PME*
a small business	*une petite entreprise*
to run a company	*diriger une entreprise*
the chief executive officer / the CEO	*le président-directeur général / le PDG*
to be on the payroll	*être salarié d'une entreprise*
the staff	*le personnel*
the management	*la direction*
a senior executive / a top executive	*un cadre supérieur*
a junior executive	*un cadre moyen*
an employee	*un employé*
an employer	*un patron*
a company director	*un chef d'entreprise*
enterprise / the spirit of enterprise	*l'esprit d'entreprise, d'initiative*
an entrepreneur	*un créateur d'entreprise*
to be enterprising	*être entreprenant*
to set up / to establish a company	*créer une entreprise*
the business world	*le monde des affaires*
(to make) an acquisition	*(faire) une acquisition*
to acquire	*acquérir*
a merger	*une fusion*
to merge with	*fusionner avec*
to buy out a firm	*racheter une entreprise*
to gobble up / to swallow up a firm	*absorber une entreprise*
a takeover bid	*une offre publique d'achat, une OPA*
to make a profit	*faire des bénéfices*
to make a loss	*enregistrer, subir une perte*
a shareholder	*un actionnaire*
profit sharing	*l'intéressement (aux résultats)*
a competitive firm	*une entreprise compétitive*
bankruptcy	*la faillite*
to go bankrupt / go broke / go bust	*faire faillite*
to bail out a company	*renflouer une entreprise*
the restructuring of a company	*la restructuration d'une entreprise*
to restructure / to revamp / to streamline a company	*restructurer, réorganiser une entreprise*

American society is much more prepared to reward risk and to forgive failure than European society.

La société américaine est bien plus prête à récompenser le risque et à pardonner l'échec que la société européenne.

Everything is done in America to encourage those who want to set up in business.

Aux Etats-Unis, tout est fait pour encourager ceux qui veulent monter une affaire.

Red tape and bureaucracy help to crush the entrepreneurial spirit in a lot of European countries.

La paperasserie et la bureaucratie contribuent à étouffer l'esprit d'entreprise dans de nombreux pays européens.

The company was in the red and they had no alternative but to radically restructure it by trimming costs and downsizing staff.

L'entreprise était en déficit et ils n'ont pas eu d'autre choix que de la restructurer radicalement en réduisant les coûts et en dégraissant les effectifs.

State-of-the art technology has increased the company's productivity and competitiveness.

La technologie de pointe a augmenté la productivité et la compétitivité de l'entreprise.

Hundreds of small companies are swallowed up every year by multinationals.

Des centaines de petites entreprises sont absorbées tous les ans par des multinationales.

Fuelled by fierce competition, merger mania appears unstoppable.

Alimentée par une concurrence féroce, la folie des fusions ne semble pas pouvoir être arrêtée.

Firms often have to fork out considerable amounts of money to improve their global market share.

Les entreprises doivent souvent débourser des sommes considérables pour gagner de nouvelles parts sur le marché mondial.

His family business had become unprofitable, so he decided to shut up shop.

Son entreprise familiale n'était plus rentable. Aussi a-t-il décidé de mettre la clé sous la porte.

He built his empire up from scratch.

Il a bâti son empire en partant de rien.

For those starting a business in the UK, annual corporation tax is much lower than in France and so are labour costs.

Pour ceux qui créent une entreprise au Royaume-Uni, l'impôt annuel sur les sociétés est nettement moins élevé qu'en France et le coût de la main-d'œuvre aussi.

55. WAGES AND SOCIAL UNREST
SALAIRES ET AGITATION SOCIALE

a wage earner	*un salarié*
his wage packet / his pay packet	*sa paie*
his wages / his salary	*son salaire*
an hourly wage / hourly wages	*un salaire horaire*
a daily wage / daily wages	*un salaire journalier*
the minimum wage	*le salaire minimum, le SMIC*
low wages / high wages	*les bas salaires / les salaires élevés*
to earn a good wage / good wages	*avoir un bon salaire*
to be / to get paid £400 a week	*toucher 400 livres par semaine*
to be well paid / to be badly paid	*être bien / être mal payé*
to be promoted / to get promotion	*être promu*
his annual income	*son revenu annuel*
income tax	*l'impôt sur le revenu*
to be on a high income	*avoir des revenus élevés*
low-income families	*des familles à faibles revenus*
take-home pay	*le salaire net*
net income	*le revenu net (après impôts)*
gross income	*le revenu brut*
fees	*des honoraires*
a source of income / of livelihood	*une source de revenu*
a wage policy	*une politique des salaires*
a wage claim	*une revendication de salaire*
a wage rise / a pay rise (GB) / a pay hike (US)	*une augmentation de salaire*
a wage freeze	*un blocage des salaires*
to freeze wages	*geler les salaires*
pay negotiations	*des négociations salariales*
a wage agreement	*un accord salarial*
a pay dispute	*un conflit salarial*
to settle / to resolve a dispute	*résoudre un conflit*
conflict resolution	*la résolution des conflits*
a protest movement	*un mouvement de protestation*
a trade union / a workers' union	*un syndicat*
a union member	*un syndiqué*
to join a union	*se syndiquer*
a union / staff representative	*un délégué syndical / du personnel*
to be / to go on strike	*être / se mettre en grève*
to call a strike	*lancer un mot d'ordre de grève*
a demonstration / a demo	*une manifestation / une manif*
to demonstrate /a demonstrator	*manifester /un manifestant*

When it comes to choosing a job, salaries rank first in order of importance for most people.

Quand il s'agit de choisir un emploi, le premier critère est le salaire pour la plupart des gens.

What's the good of earning so much money when you don't have the time to spend it?

A quoi bon gagner tant d'argent quand on n'a pas le temps de le dépenser ?

He used to put in 12-hour days and to have very high wages. He is now his own boss and is much happier although he doesn't earn as much.

Il travaillait 12 heures par jour et avait un salaire très élevé. Il est maintenant à son compte et est beaucoup plus heureux bien qu'il ne gagne pas autant.

Her career is more important to her than her family.

Sa carrière compte plus que sa famille.

The EU cannot hope to compete with low-wage countries as long as its unions continue to hold such sway in companies.

L'Union européenne ne peut pas espérer rivaliser avec les pays où les salaires sont bas tant que ses syndicats continueront à avoir un tel pouvoir dans les entreprises.

Many countries set minimum wages with the intention of protecting the living standards of workers in low-paid jobs.

De nombreux pays ont instauré des salaires minimums afin de protéger le niveau de vie des travailleurs qui ont des emplois peu rémunérés.

French unions may have lost influence but they can still bring the country to a standstill.

Même si les syndicats français ont perdu de leur influence, ils restent néanmoins capables de paralyser le pays.

Unions argue that salaries are not keeping pace with the rise in the cost of living and they have decided to call a strike.

Les syndicats soutiennent que les salaires ne suivent pas l'augmentation du coût de la vie et ils ont lancé un mot d'ordre de grève.

It is sometimes better to offer a pay rise than be in for a long strike.

Mieux vaut parfois proposer une augmentation de salaire que de risquer une grève dure.

British union membership is nowhere near what it was before Margaret Thatcher.

Le nombre de syndiqués en Grande-Bretagne est très loin d'être ce qu'il était avant Margaret Thatcher.

Workers find it more and more difficult to accept the huge salaries paid to CEOs, especially when they are denied a wage rise.

Les travailleurs ont de plus en plus de mal à accepter les salaires astronomiques que touchent les PDG, surtout quand on leur refuse une augmentation de salaire.

56. SOCIAL PROTECTION
LA PROTECTION SOCIALE

the welfare state	*l'Etat providence*
a safety net	*un filet de protection (sociale)*
National Insurance	*la Sécurité sociale (en GB)*
the National Health Service / the NHS	*la Sécurité sociale (en GB : branche assurance maladie)*
the "Sécurité Sociale"	*la Sécurité sociale (en France)*
Social Security	*la Sécurité sociale (aux USA)*
a Social Security number	*un numéro de Sécurité sociale (aux USA)*
social security (benefits) (GB) / welfare (US)	*les avantages sociaux, les prestations sociales*
to be on social security (GB) / to be on welfare (US)	*bénéficier de l'aide sociale*
income support	*le RMI*
the entitlement to benefit	*le droit à l'aide sociale*
a beneficiary / a recipient	*un bénéficiaire*
a claimant	*un ayant-droit*
the social services	*les services d'aide sociale*
social work	*l'assistance sociale*
a social worker	*un(e) assistant(e) social(e)*
health care	*la santé publique*
the public health system	*le système de santé publique*
to be entitled to a health insurance	*avoir droit à une couverture maladie*
to get treatment on the NHS	*bénéficier de soins gratuits (en GB)*
to get free medical care	*être soigné gratuitement*
sickness benefit	*les prestations de maladie*
(to take out) a private health insurance	*(prendre) une mutuelle*
to take out an insurance	*s'assurer, prendre une assurance*
an old age insurance	*une assurance vieillesse*
an unemployment insurance	*une assurance chômage*
a retirement pension	*une (pension de) retraite*
to receive compensation for injuries at work	*toucher une indemnité d'accident du travail*
child benefit / family allowances	*les allocations familiales*
a single parent's allowance	*une allocation de parent isolé*
housing benefit	*les allocations (de) logement*
unemployment benefit	*les allocations (de) chômage*
contributions	*les cotisations*

Europe has an extensive, expensive social safety net designed to feed and protect the most vulnerable sections of the population.

L'Europe a un filet de protection sociale étendu mais coûteux qui est conçu pour nourrir et protéger les couches les plus vulnérables de la population.

In France and in Britain the state tries to help people from the cradle to the grave.

En France et en Grande-Bretagne, l'Etat essaie d'aider les gens d'un bout à l'autre de leur vie.

With the greying of Europe, the burden on states' coffers will be heavier and heavier.

Avec le vieillissement de la population européenne, la charge qui pèse sur les caisses des Etats sera de plus en plus lourde.

The enormous cost of social protection in Europe is a noose that is slowly strangling the economies of countries like France, Germany and Italy.

Le coût énorme de la protection sociale en Europe est un nœud coulant qui étrangle lentement l'économie de pays tels que la France, l'Allemagne et l'Italie.

Some think that the vast numbers of benefit scroungers can largely be explained by the generosity of the welfare state.

Certains pensent que le nombre considérable de parasites vivant de l'aide sociale s'explique en grande partie par la générosité de l'Etat providence.

Social benefits are considered sacrosanct in France.

Pour les Français, les avantages sociaux sont sacro-saints.

In America the poor tend to be considered less as victims than as people responsible for their predicament.

Aux Etats-Unis, les pauvres tendent à être considérés comme des gens responsables de leur situation plus que comme des victimes.

Medicare is the federal health insurance program for Americans aged 65 and older and for younger adults with permanent disabilities.

Medicare est le système fédéral d'assurance maladie destiné aux Américains de 65 ans et plus et aux moins de 65 ans atteints d'invalidité permanente.

Medicaid is a health insurance program for low-income individuals that is jointly funded by the federal and state governments.

Medicaid est un système d'assurance maladie pour les personnes à faibles revenus cofinancé par le gouvernement fédéral et les gouvernements des Etats.

One reason health spending keeps rising is a constant improvement of new medical technologies and treatments.

L'accroissement perpétuel des dépenses de santé est dû, entre autres, à l'amélioration constante des techniques et des traitements médicaux.

Some people think the state can fork out indefinitely and they expect everything to be handed to them on a plate.

Certains pensent que l'Etat est une vache à lait et ils ont une mentalité d'assistés.

57. RETIREMENT
LA RETRAITE

to retire	*partir en retraite*
to be retired	*être en retraite*
a retired teacher	*un professeur en retraite*
a retiree /a pensioner	*un retraité*
an old age pensioner / an OAP	*un retraité*
retirement age	*l'âge de la retraite*
to be of pensionable age	*avoir l'âge de la retraite*
to be pensioned off / to be put out to grass	*être mis à la retraite*
early retirement	*la préretraite, la retraite anticipée*
to take early retirement	*partir en préretraite*
to be semi-retired	*être en semi-retraite*
a (retirement) pension	*une pension, une retraite*
to draw / to get / to receive one's pension	*toucher sa retraite*
to pay money into a pension	*cotiser pour sa retraite*
to take out a pension	*souscrire un plan de retraite*
to take out an extra pension	*prendre une retraite complémentaire*
to qualify for a full pension	*bénéficier d'une retraite à taux plein*
a pension system / a pension scheme / a pension plan	*un système de retraite*
a state pension (GB) / a public pension (US)	*une retraite versée par l'Etat*
the pay-as-you-go pension system	*la retraite par répartition*
pension funds	*la retraite par capitalisation, les fonds de pension*
the cost of retirement	*le coût de la retraite*
to postpone retirement age	*reculer l'âge de la retraite*
to increase contributions	*augmenter les cotisations*
to reduce pensions	*diminuer les pensions*
to work longer	*travailler plus longtemps*
to work up to 65	*travailler jusqu'à 65 ans*
to save for one's retirement	*économiser pour sa retraite*
a generational contract	*un contrat entre générations*
to finance / to fund the retirement of their elders	*financer la retraite de leurs aînés*
to ignite an age war	*déclencher une guerre des générations*
to be a burden on	*être un fardeau pour*
to cost the nation a fortune	*coûter une fortune à la nation*

LES MOTS AU SERVICE DES IDEES

Many people dream of retirement and are completely at a loss as soon as they stop work.

Beaucoup de gens rêvent de la retraite et sont complètement perdus dès qu'ils arrêtent de travailler.

When they are approaching retirement age, some find it difficult to adjust to the idea of not working any more.

Quand ils approchent de l'âge de la retraite, certains ont du mal à s'adapter à l'idée de ne plus travailler.

He retired as soon as he could so as to enjoy life to the full while he was still physically fit.

Il est parti en retraite dès qu'il a pu afin de profiter pleinement de la vie tant qu'il était encore en bonne forme physique.

Being retired is marvellous as long as you have the means to enjoy it.

Etre en retraite, c'est merveilleux du moment que vous avez les moyens pour en profiter.

Europe's pensioners never had it so good for decades but the time has come to face reality.

Les retraités européens ne l'ont jamais eu aussi belle pendant des décennies, mais l'heure est venue de voir la réalité en face.

The pension time bomb is ticking away.

La bombe à retardement des retraites ne va pas tarder à exploser.

Pension systems are in danger of collapsing because of a sharp increase in life expectancy and a falling birth rate.

Les systèmes de retraite menacent de s'écrouler en raison d'une nette augmentation de l'espérance de vie et d'une baisse de la natalité.

In the coming years people will have to work longer and to dig deeper into their pockets to fund retirees' pensions.

Dans les années à venir, les gens devront travailler plus longtemps et mettre davantage la main à la poche pour financer les retraites.

In Italy an ever diminishing workforce has to pay for an ever rising number of pensioners.

En Italie, une population active toujours moins nombreuse doit payer pour un nombre de retraités toujours plus élevé.

Some governments propose the mandatory retirement age be raised from 60 to 65. The issue is political dynamite.

Certains gouvernements proposent de faire passer l'âge obligatoire de la retraite de 60 à 65 ans. Ce sujet est de la dynamite politique.

Europe's pension crisis is here to stay. Governments will need to do more and voters will need to accept changes.

La crise des retraites en Europe n'est pas prête de disparaître. Les gouvernements devront en faire plus et les électeurs devront accepter les changements.

58. THE UNDERGROUND ECONOMY
L'ECONOMIE SOUTERRRAINE

the black economy	*l'économie parallèle*
the black market	*le marché noir*
black market cigarettes / contraband cigarettes	*des cigarettes de contrebande*
smuggling	*la contrebande*
a counterfeit	*une contrefaçon*
a black marketeer	*un vendeur au marché noir*
black money	*l'argent du marché noir, l'argent non déclaré au fisc*
money laundering	*le blanchiment d'argent*
barter	*le troc*
illegal work / moonlighting	*le travail au noir*
to work illegally / to do illegal work / to moonlight	*travailler au noir*
an illegal worker / a moonlighter	*un travailleur au noir*
to do work on the side	*avoir un petit boulot à côté*
to do extra jobs	*faire des petits boulots en plus*
to hold two jobs	*avoir deux emplois*
to do private home repairs	*faire des réparations chez les particuliers*
to do car repair	*faire des réparations automobiles*
to do private hairdressing	*coiffer à domicile*
to do private housecleaning	*faire du ménage chez les particuliers*
to earn extra money	*avoir des à-côtés*
to supplement one's income	*arrondir ses fins de mois*
taxable income	*le revenu imposable*
untaxed income	*des revenus exemptés d'impôts*
not to declare what you earn	*ne pas déclarer ses gains*
not to pay tax	*ne pas payer d'impôts*
to evade tax / to beat the taxman	*frauder le fisc*
tax evasion / tax fraud	*l'évasion fiscale, la fraude fiscale*
to cheat	*tricher*
a tax evader / a tax dodger	*un fraudeur du fisc*
not to pay VAT	*ne pas payer la TVA*
to curb the black economy	*réduire l'économie parallèle*
to crack down on the underground economy	*sévir contre l'économie souterraine*
a loss of tax revenues	*une perte de recettes fiscales*
to be convicted on fraud charges	*être condamné pour fraude fiscale*
to rat on a moonlighter	*dénoncer un travailleur au noir*

There is a thriving black market in most countries.

Le marché noir est florissant dans la plupart des pays.

Moonlighting has become something of a national pastime in many countries.

Le travail au noir est devenu une sorte de passe-temps national dans beaucoup de pays.

No one knows precisely how large the underground economy has now become, but it is growing by the day.

Personne ne connaît exactement l'étendue actuelle de l'économie souterraine, mais elle se développe tous les jours.

In Italy, the black economy accounts for perhaps 25 per cent of the country's gros national product.

En Italie, l'économie parallèle représente peut-être 25 % du produit national brut du pays.

High taxes and strict regulations help drive people into the underground economy.

Des impôts élevés et des réglementations strictes contribuent à entraîner les gens dans l'économie souterraine.

He does a bit of gardening as a sideline.

Il fait un peu de jardinage au noir.

He has many ways of making a little bit of money on the side.

Il a bien des façons de se faire quelques à-côtés.

To some people, the strength of the underground economy gives a much-needed boost to employment.

Pour certains, la vitalité de l'économie souterraine donne à l'emploi un tonus dont il a bien besoin.

Without the black economy there would be many more unemployed people.

Sans l'économie parallèle, il y aurait beaucoup plus de chômeurs.

To governments, the black economy represents a loss of billions of euros in tax revenues.

Pour les gouvernements, l'économie parallèle représente des milliards d'euros de recettes fiscales en moins.

Law-abiding firms are burdened with social charges that the firms employing underground workers evade.

Les entreprises qui respectent la loi sont accablées de charges sociales auxquelles les entreprises employant des travailleurs au noir échappent.

French tax inspectors have decided to crack down on illegal work in the building and public works sector and in the catering trade.

En France, les inspecteurs des impôts ont décidé d'effectuer des opérations coup de poing contre le travail au noir dans les secteurs du BTP et de la restauration.

59. A SOCIETY WHERE MONEY IS KING
UNE SOCIETE BASEE SUR L'ARGENT

Mammon	*le dieu Argent*
money / cash	*l'argent*
dough / dosh	*le fric*
to earn / to make money	*gagner, faire de l'argent*
to earn good money	*bien gagner sa vie*
to make loads of / pots of money	*gagner beaucoup d'argent*
to be rolling in money	*rouler sur l'or*
to be rolling in it	*être plein aux as*
to be strapped for cash / to be short of money	*être à court d'argent, manquer d'argent*
to be broke / to be skint	*être fauché*
to spend money	*dépenser de l'argent*
to waste / to squander money	*gaspiller de l'argent*
to throw one's money away	*dilapider son argent*
to throw one's money down the drain	*jeter son argent par les fenêtres*
a spendthrift	*un panier percé*
to be extravagant	*être dépensier*
a thrifty / an economical woman	*une femme économe*
to save money / to put money by	*économiser de l'argent*
consumption	*la consommation*
a consumer society	*une société de consommation*
to consume / a consumer	*consommer / un consommateur*
consumer goods	*des biens de consommation*
consumer durables	*des biens de consommation durables*
consumerism	*le consumérisme*
the purchasing power	*le pouvoir d'achat*
to pay (in) cash	*payer en liquide*
to pay by cheque (GB) / by check (US)	*payer par chèque*
credit / hire purchase / HP	*le crédit*
to buy on credit / on HP	*acheter à crédit*
to pay by monthly instalments	*payer par mensualités*
a credit card	*une carte de crédit*
a cheque book (GB) / a check book	*un carnet de chèques*
to borrow money (from)	*emprunter de l'argent (à)*
to lend sb money	*prêter de l'argent à qqn*
to owe sb money	*devoir de l'argent à qqn*
to be (heavily) in debt	*être (très) endetté*
to run up huge debts	*être surendetté*
to repay / to pay off one's debts	*rembourser ses dettes*

Money is the sinews of war.

L'argent est le nerf de la guerre.

The only thing people are interested in is making more money.

La seule chose qui intéresse les gens, c'est de gagner plus d'argent.

In today's society success is measured by money.

Dans la société d'aujourd'hui, on mesure votre succès à l'argent que vous gagnez.

We live in a materialistic society and are trained from a very early age to be acquisitive.

Nous vivons dans une société matérialiste et on nous apprend dès notre plus jeune âge à avoir le goût de la propriété.

The built-in obsolescence of a large number of consumer goods helps to make people obsessed with money.

L'obsolescence programmée de nombreux biens de consommation contribue à rendre les gens obsédés par l'argent.

He only thinks in terms of money.

Il ne pense qu'à l'argent.

He ought to realize that money doesn't grow on trees.

Il devrait se rendre compte que l'argent ne tombe pas du ciel.

He ought to save some money for a rainy day.

Il devrait économiser un peu d'argent en prévision de temps difficiles.

These days many people live way beyond their means.

De nos jours, beaucoup de gens vivent largement au-dessus de leurs moyens.

Lots of people don't spend their money sensibly and find it difficult to make ends meet.

Beaucoup de gens dépensent leur argent à tort et à travers et ont du mal à joindre les deux bouts.

He doesn't earn a lot of money but he manages to get by.

Il ne gagne pas énormément mais il arrive à s'en sortir.

Some people spend their own lives trying to keep up with the Joneses.

Il y en a qui passent toute leur vie à essayer de faire aussi bien que le voisin.

Of course, he had to go one better than his brother and he decided to buy a brand new car.

Bien sûr, il fallait qu'il fasse mieux que son frère et il a décidé d'acheter une voiture flambant neuve.

Credit cards help to create a spendthrift attitude in many people and some never manage to escape the credit trap.

Les cartes de crédit contribuent à rendre de nombreuses personnes dépensières et certains ne parviennent jamais à éviter le piège du crédit.

The more money you have, the more money you spend because you always create new needs for yourself.

Plus on a d'argent, plus on en dépense car on se crée toujours de nouveaux besoins.

60. ADVERTISING
LA PUBLICITE

an advertisement / an advert	*une publicité, une annonce*
an ad	*une pub*
a newspaper / television / radio advertisement	*une publicité dans un journal / à la télévision / à la radio*
a commercial	*une publicité, un spot publicitaire (TV ou radio)*
a commercial break	*une page de pub (TV ou radio)*
a poster	*une affiche*
a hoarding (GB) / a billboard	*un panneau publicitaire*
a flyer / a flier	*un prospectus*
junk mail	*le courrier publicitaire*
to put / to place an advertisement in a newspaper	*mettre une annonce dans un journal*
a job ad(vertisement)	*une offre d'emploi*
situations vacant	*« offres d'emploi » (la rubrique)*
situations wanted	*« demandes d'emploi » (la rubrique)*
the small ads / the classified ads	*les petites annonces*
the lonely hearts ads	*la rubrique rencontres*
the agony column (GB) / the advice column (US)	*le courrier du cœur (la rubrique)*
an advertising campaign	*une campagne publicitaire*
an advertising blitz	*un matraquage publicitaire*
an advertising strategy	*une stratégie publicitaire*
an advertising slogan	*un slogan publicitaire*
a catchphrase	*un slogan*
a catchy slogan	*un slogan accrocheur*
misleading / deceptive advertising	*la publicité mensongère*
an advertiser	*un annonceur*
to advertise a product	*faire de la publicité pour un produit*
an adman	*un publicitaire*
to inform people about a product	*informer les gens sur un produit*
to influence the consumer	*influencer le consommateur*
to encourage consumers to buy	*inciter les consommateurs à acheter*
to brainwash people into buying	*conditionner les gens afin qu'ils achètent*
the content of a message	*le contenu d'un message*
to convey a message	*transmettre un message*
a sponsor	*un parrain, un sponsor*
to sponsor a sporting event	*parrainer un événement sportif*
sponsorship	*le parrainage*

LES MOTS AU SERVICE DES IDEES

Advertising is the science of arresting human intelligence long enough to get money from it.

La publicité est la science qui consiste à arrêter l'intelligence humaine suffisamment longtemps pour avoir le temps de gagner de l'argent.

The advertiser looks for things such as sea, sex and sun that move people and uses them to move goods.

L'annonceur cherche des choses telles que la mer, le sexe et le soleil qui émeuvent les gens et il s'en sert pour faire passer des produits.

Advertising plays on our fears, our vanity, our greed to persuade us into buying things we don't need.

La publicité joue sur nos craintes, notre vanité, notre gourmandise pour nous persuader d'acheter des choses dont nous n'avons pas besoin.

Advertising creates the illusion that every personal fault can be eliminated.

La publicité crée l'illusion que tous les défauts personnels peuvent être éliminés.

Advertising is omnipresent. It is imposed on us, for example on TV, on the radio, at the movies, in magazines, on buses and on sportsmen's jerseys.

La publicité est partout. Elle nous est imposée, par exemple à la télévision, à la radio, au cinéma, dans les magazines, sur les bus et sur les maillots des sportifs.

It's absolutely unbearable when they cut the film on TV to advertise a brand of toothpaste for the umpteenth time.

C'est absolument insupportable quand ils interrompent le film à la télévision pour faire la publicité d'une marque de dentifrice pour la énième fois.

The most successful ads are those aimed at a well-defined target audience whose tastes, fears and desires have been clearly identified.

Les pubs les plus réussies sont celles qui visent une audience cible bien précise dont les goûts, les craintes et les désirs ont été clairement identifiés.

Many adverts are designed to target young people.

De nombreuses publicités sont conçues pour cibler les jeunes.

Each US child watches 30,000 TV commercials a year. No wonder companies invest millions of dollars to win them over.

Chaque jeune Américain regarde 30 000 publicités par an à la télévision. Pas étonnant que les entreprises investissent des millions de dollars pour les convaincre.

Advertising keeps the wheels of the economy turning.

La publicité permet à l'économie de tourner.

Life would be terribly boring if there were no ads.

La vie serait terriblement monotone s'il n'y avait pas de pubs.

Human beings crave novelty and excitement. Advertising exists to feed that desire.

L'homme a soif de nouveauté et de sensations fortes. La publicité existe pour entretenir ce besoin.

61. WORLD TRADE
LE COMMERCE MONDIAL

trade	*les échanges commerciaux*
to trade with (a country)	*commercer avec (un pays)*
to trade in coffee, etc.	*faire le commerce du café, etc.*
the arms trade / the coffee trade	*le commerce des armes / du café*
a trader	*un négociant*
a trading partner	*un partenaire commercial*
the WTO	*l'OMC*
the OECD	*l'OCDE*
international trade agreements	*les accords commerciaux internationaux*
home trade / foreign trade	*le commerce intérieur / extérieur*
wholesale trade	*le commerce de gros*
retail trade	*le commerce de détail*
the trade balance	*la balance commerciale*
the trade deficit	*le déficit commercial*
a trade surplus	*un excédent commercial*
to export (to France)	*exporter (en France)*
a wine-exporting country	*un pays exportateur de vin*
an exporter / an importer	*un exportateur / un importateur*
to import (from France)	*importer (de France)*
a meat-importing country	*un pays importateur de viande*
an export / an import	*une exportation / une importation*
trade relations	*les relations commerciales*
a niche in the market	*un créneau sur le marché*
protectionism	*le protectionnisme*
a protectionist policy / a beggar-my-neighbour policy	*une politique protectionniste*
a protectionist backlash	*une réaction protectionniste*
free trade	*le libre-échange*
customs duties	*les droits de douane*
a customs officer	*un douanier*
the trade war	*la guerre commerciale*
(to erect) tariff walls	*(ériger) des barrières douanières*
export quotas	*des quotas d'exportations*
import quotas	*des quotas d'importations*
to impose quotas	*imposer des quotas*
trade sanctions	*des sanctions commerciales*
to impose / to lift an embargo	*imposer / lever un embargo*
a boycott on Chinese products	*un boycott sur les produits chinois*
to boycott a product	*boycotter un produit*

LES MOTS AU SERVICE DES IDEES

World trade is estimated to be worth $10m a minute.

On évalue à 10 millions de dollars par minute la valeur des échanges commerciaux dans le monde.

International trade is key to a country's prosperity.

Le commerce international est essentiel pour la prospérité d'un pays.

The world's 49 least developed countries account for just 0.4% of world trade.

Les 49 pays les moins développés du monde ne représentent que 0,4 % du commerce mondial.

The EU had more than 500 delegates at the last set of WTO talks. Haiti had only one.

L'Union européenne avait plus de 500 délégués aux dernières négociations de l'OMC. Haïti n'en avait qu'un seul.

If Africa, Southeast Asia, and Latin America could increase their share of world exports by 1%, it would lift 128 million people out of poverty.

Si l'Afrique, l'Asie du Sud-Est et l'Amérique latine pouvaient augmenter d'1 % la part de leurs exportations mondiales, il y aurait 128 millions de pauvres en moins.

What poor countries demand is an end to unfair trade practices and a fair share in world trade.

Ce que les pays pauvres réclament, c'est la fin des pratiques commerciales inéquitables et une juste part du commerce mondial.

A Ghanaian cocoa farmer only gets 1.2% of the price a British consumer pays for a bar of chocolate.

Un producteur de cacao ghanéen ne reçoit qu'un 1,2 % du prix que paie un consommateur britannique pour une tablette de chocolat.

What rich countries' multinationals are mainly interested in is to prise open new markets for their goods and services in the developing world.

Ce qui intéresse surtout les multinationales des pays riches, c'est de conquérir de nouveaux marchés pour leurs biens et services dans les pays en développement.

The invasion of Chinese textiles in Europe is threatening jobs in the European textile industry.

L'invasion des textiles chinois en Europe menace des emplois dans l'industrie textile européenne.

If the Europeans impose import quotas on Chinese textiles, China is likely to retaliate by limiting Airbus imports.

Si les Européens imposent des quotas d'importations pour les textiles chinois, il est probable que la Chine usera de représailles en limitant les importations d'Airbus.

Some see the WTO as the best bulwark against unilateralism, others as a corrupted institution which enforces unfairness.

Pour certains, l'OMC est le meilleur rempart contre l'unilatéralisme ; pour d'autres, c'est une institution corrompue qui fait appliquer l'injustice.

62. COMMERCE : DISTRIBUTION
LE COMMERCE : LA DISTRIBUTION

to shop / to go shopping / to do the shopping	*faire les courses / ses courses*
a shopper	*un acheteur*
a customer	*un client*
a consumer	*un consommateur*
impulse buying / impulse shopping	*les achats d'impulsion*
to go window shopping	*faire du lèche-vitrine*
to go on a spending spree	*faire des folies*
a shopping bag / a shopping basket	*un sac/ un panier à provisions*
a shopping list	*une liste de courses*
a shopping centre / a shopping precinct (GB)	*un centre commercial*
a (shopping) mall (US)	*un centre commercial*
an arcade / a shopping arcade	*une galerie marchande*
a distribution network	*un réseau de distribution*
mass distribution	*la grande distribution*
a retailer	*un détaillant*
a wholesaler	*un grossiste*
a shop (GB) / a store (US)	*un magasin*
a shoe shop	*un magasin de chaussures*
a boutique	*une boutique de mode*
the corner shop	*le magasin du coin*
a convenience store	*un magasin de proximité*
small shops / small businesses	*les petits commerces*
department stores	*les grandes surfaces*
a chain store	*un magasin à succursales multiples*
a supermarket	*un supermarché*
a superstore / a hypermarket	*un hypermarché*
a discount shop / store	*un (magasin) discount*
a trolley (GB) / a cart (US)	*un caddie*
mail order	*la vente par correspondance*
a catalogue (GB) / a catalog (US)	*un catalogue*
door-to-door selling	*la vente à domicile*
teleshopping	*le télé-achat*
a shopping channel	*une chaîne de télé-achat*
telesales	*la vente par téléphone*
to shop around	*comparer les prix*
e-commerce	*le commerce électronique*
e-tail / online selling	*le commerce en ligne*
online shopping	*les achats sur Internet*

LES MOTS AU SERVICE DES IDEES

Gone are the days when the small shop was king.

Le temps où le petit commerce était roi est révolu.

A retail revolution is now under way that could eventually lead to the death of the small shop.

Une révolution dans la vente au détail qui pourrait finir par entraîner la mort du petit commerce est en cours.

In addition to a 250-m ski run, Xanadú, the new Madrid megamall, has 220 stores, 30 restaurants, a 15-screen movie theater and a go-kart track.

En plus d'une piste de ski de 250 mètres, Xanadú, le nouvel hypermarché géant de Madrid, a 220 magasins, 30 restaurants, 15 salles de cinéma et une piste de karting.

Until recently the idea that we could all sit at home and shop from our computers was the stuff of science fiction.

Il y a peu de temps encore, l'idée que nous pourrions tous faire des achats depuis notre ordinateur, assis à la maison, relevait de la science fiction.

Catalogue shopping has paved the way for e-commerce, getting many consumers to the idea that shopping does not need to involve shops.

La vente sur catalogue a ouvert la voie au commerce électronique en familiarisant les consommateurs avec l'idée qu'ils n'ont pas besoin de magasins pour acheter.

E-commerce is changing the way the world shops.

Le commerce électronique change la façon dont le monde fait ses achats.

The Internet increases consumer power because it is much easier for customers to switch from one supplier to another.

Internet renforce le pouvoir du consommateur car les clients peuvent beaucoup plus facilement passer d'un fournisseur à l'autre.

In less time than it takes for a kettle to boil, it is possible to select that new must-have video and to order the latest bestseller.

En moins de temps qu'il ne le faut pour le dire, il est possible de sélectionner cette nouvelle vidéo à posséder absolument et de commander le dernier best-seller.

When you buy a book online it usually takes less than a week to get from your mouse to your house.

Quand vous achetez un livre sur Internet d'un clic de souris, il arrive en général chez vous en moins d'une semaine.

E-tail may enable you to shop round the clock but it will never replace human relations.

Le commerce en ligne vous permet peut-être de faire des achats 24 heures sur 24 mais il ne remplacera jamais les relations humaines.

To compete with supermarkets, megamalls and e-commerce, small shops will have to adapt if they want to survive.

Pour faire face à la concurrence des supermarchés, des hypermarchés géants et des achats sur Internet, les petits commerces devront s'adapter s'ils veulent survivre.

63. AIR TRANSPORT
LE TRANSPORT AERIEN

flying / aviation	*l'aviation*
an aircraft / (plu. aircraft)	*un avion / des avions*
a plane / an aeroplane (GB) / an airplane (US)	*un avion*
a jet	*un avion à réaction*
a supersonic aircraft	*un avion supersonique*
a jumbo (jet)	*un gros porteur, un jumbo-jet*
a superjumbo / a behemoth	*un avion géant, un mastodonte*
an airliner	*un avion de ligne*
a long-haul carrier / flight	*un avion / vol long courrier*
a charter(ed) plane	*un (avion) charter*
an airport	*un aéroport*
a hub airport	*une plaque tournante*
air traffic	*le trafic aérien*
sky gridlock / congested skies	*l'encombrement du ciel*
an air traffic controller	*un aiguilleur du ciel*
a passenger	*un passager*
to check in	*se présenter à l'enregistrement*
the departure / the arrival	*le départ / l'arrivée*
to be on time / on schedule	*être à l'heure*
to be delayed	*être en retard*
to be cancelled	*être annulé*
to get on / to get off the plane	*monter dans / descendre de l'avion*
to fly to London	*aller à Londres en avion*
to be airsick	*avoir le mal de l'air*
to be jet-lagged / to suffer from jet lag	*être fatigué à cause du décalage horaire*
air rage	*le comportement agressif en avion*
an airline / a carrier	*une compagnie aérienne*
air fares	*les tarifs aériens*
a low-cost company	*une compagnie à bas prix*
a no-frills airline	*une compagnie qui offre des prestations réduites au minimum*
cut-throat competition	*la concurrence acharnée*
the aerospace industry	*l'industrie aérospatiale*
the aircraft industry	*l'industrie aéronautique*
a plane manufacturer	*un avionneur*
safety on aircraft	*la sécurité aérienne*
the maintenance of planes	*la maintenance des avions*
a plane crash	*un accident d'avion*

Statistically, the chances of your plane crashing is little more than three in a million but the headlines do not always convey the same impression.

Statistiquement, il y a à peine plus de trois chances sur un million que votre avion s'écrase mais les titres des journaux ne donnent pas toujours la même impression.

Anti-noise protesters would like to restrict air traffic but it seems to be impossible with more and more people wanting to travel by air.

Les militants anti-bruit voudraient limiter le trafic aérien, mais cela semble impossible vu le nombre grandissant de gens qui veulent voyager par avion.

The massive expansion of flying is unlikely to stop: the number of passenger journeys should be 400m a year by 2020.

Il y a peu de chances que le développement considérable de l'aviation s'arrête : le nombre de voyages passagers devrait s'élever à 400 millions par an d'ici 2020.

New runways will have to be built at Heathrow, Gatwick and Standsted by 2030 to avoid the prospect of gridlock in the skies over London.

Il faudra construire de nouvelles pistes à Heathrow, Gatwick et Standsted d'ici 2030 si on veut éviter la perspective d'encombrements dans le ciel londonien.

Rather than extend the existing airports, why not build new airports off-shore, linked to city centres by high-speed trains?

Plutôt que d'agrandir les aéroports existants, pourquoi ne pas construire de nouveaux aéroports excentrés qui soient reliés aux centres des villes par des TGV ?

Flying the Airbus A380 was as easy as riding a bicycle, said the pilot of the world's largest passenger plane after its maiden flight.

C'était aussi facile de piloter l'Airbus A380 que de faire de la bicyclette, a dit le pilote du plus grand avion de ligne du monde après son vol inaugural.

The Airbus A380 is a giant, double-deck plane with an 80-metre wingspan and a fuselage 73 metres long.

L'Airbus A380 est un avion géant à deux ponts qui a une envergure de 80 mètres et un fuselage de 73 mètres de long.

Airbus's new superjumbo can seat comfortably 555 passengers and will usher in a new era in flying.

Le nouveau super jumbo-jet d' Airbus peut accueillir confortablement 555 passagers et marquera le début d'une nouvelle époque dans l'histoire de l'aviation.

Only time will tell whether or not Airbus has judged the market more cannily than archrival Boeing, by deciding to go large.

Seul l'avenir dira si Airbus a évalué le marché plus intelligemment que son ennemi juré Boeing en choisissant l'option du gigantisme.

Boeing prefers to bet on a fuel-efficient, midsize jet, the 7E7 Dreamliner, capable of flying "point to point".

Boeing préfère miser sur un avion de taille moyenne peu gourmand en kérosène, le Dreamliner 7E7, capable d'effectuer des vols directs de point à point.

64. THE TRANSPORT OF GOODS
LE TRANSPORT DES MARCHANDISES

transport (GB) / transportation (US)	*le(s) transport(s)*
the transport secretary	*le ministre des Transports (en GB)*
to transport / to carry goods	*transporter des marchandises*
to deliver goods	*livrer des marchandises*
a delivery	*une livraison*
a delivery man	*un livreur*
to (un)load goods	*(dé)charger des marchandises*
a parcel / a package	*un colis, un paquet*
freight	*le fret*
to charter	*affréter (un avion, etc.)*
a cargo / a shipment	*une cargaison*
to ship goods	*expédier des marchandises (par bateau, avion, train, etc.)*
the shipment of goods	*l'expédition de marchandises*
a container	*un conteneur*
a crate	*une caisse*
a means / a mode of transport	*un moyen de transport*
air transport	*le transport aérien*
a cargo plane	*un avion cargo*
sea transport / maritime transport	*le transport maritime*
a roll-on roll-off ferry / a ro-ro (ferry)	*un roulier*
inland waterway transport	*le transport fluvial*
rail transport	*le transport ferroviaire*
a goods train / a freight train	*un train de marchandises*
piggyback	*le ferroutage*
road transport / road haulage	*le transport routier*
a haulier (GB) / a hauler (US)	*un transporteur*
a road haul(i)er	*un transporteur routier*
a lorry / a truck	*un camion*
an articulated lorry (GB) / a semi (US)	*un semi-remorque*
a heavy goods vehicle / an HGV	*un poids lourd*
a juggernaut	*un mastodonte*
a van	*une camionnette*
a trailer	*une remorque*
a lorry driver / a truck driver (GB)	*un (chauffeur) routier*
a trucker / a teamster(US)	*un (chauffeur) routier*
a transport café	*un relais routier*
a route	*un itinéraire*
transport costs	*les frais de transport*

Efficient modes of transport which carry goods to their destination as fast as possible are of paramount importance today.

Des moyens de transport efficaces qui acheminent les marchandises à leur destination aussi vite que possible ont aujourd'hui une importance capitale.

When it comes to transporting perishable goods to the other end of the world, speed is crucial.

Lorsqu'il s'agit de transporter des denrées périssables à l'autre bout du monde, la vitesse est cruciale.

Choosing the right means of transport is the key to business success.

Choisir le moyen de transport approprié est la clé du succès commercial.

The main factors to be taken into account are the nature of the goods, their destination, their size and weight and the urgency of their delivery.

Les principaux facteurs à prendre en compte sont la nature des marchandises, leur destination, leur taille et poids et l'urgence de leur livraison.

Sea transport is a very economical way of shipping bulky products.

Le transport maritime est un moyen très économique d'acheminer des produits volumineux.

Road transport provides irreplaceable door-to-door service and is fast over short distances.

Le transport routier offre un service porte à porte irremplaçable et est rapide sur les courtes distances.

Road hauliers are more and more worried about the rise in diesel prices.

L'augmentation des prix du gazole inquiète de plus en plus les transporteurs routiers.

For distances over 300km, rail is more economical than road but is still underused.

Pour des distances supérieures à 300 km, le rail est plus économique que la route, mais il continue à être sous-utilisé.

Traffic congestion should encourage governments to develop piggyback much more than they do at present.

Les encombrements sur les routes devraient inciter les gouvernements à développer le ferroutage beaucoup plus qu'ils ne le font actuellement.

After the fire in the Mont-Blanc road tunnel which involved lorries and cost 39 people their lives, piggyback was supposed to be made a priority.

Après l'incendie du tunnel routier du Mont Blanc qui impliquait des camions et qui a coûté la vie à 39 personnes, le ferroutage était censé devenir une priorité.

It is urgent to restore the balance between road and rail as there are more and more juggernauts on the roads year after year.

Il est urgent de rétablir l'équilibre entre la route et le rail car il y a de plus en plus de mastodontes sur les routes d'année en année.

65. AGRICULTURE
L'AGRICULTURE

agriculture / farming	*l'agriculture*
a farmer	*un agriculteur*
a farm	*une ferme, une exploitation agricole*
an agricultural scientist	*un ingénieur agronome*
to work on a farm	*travailler dans une ferme*
to farm 500 hectares	*exploiter 500 hectares*
farm products / farm produce	*des produits agricoles*
a dairy farm	*une exploitation laitière*
milk products / dairy products	*des produits laitiers*
a poultry farm	*une exploitation avicole*
to farm / to till / to cultivate the land	*exploiter, cultiver la terre*
a crop	*1) un produit agricole* *2) une récolte*
to increase crop yields	*accroître le rendement des cultures*
to harvest	*récolter*
a crop failure	*une très mauvaise récolte*
to grow food	*produire de la nourriture*
corn	*du blé (GB) ; du maïs (US)*
maize	*du maïs (GB)*
wheat	*du blé, du froment*
rice	*du riz*
a fruit and vegetable grower	*un producteur de fruits et légumes*
a wine grower	*un viticulteur*
the livestock / the cattle	*le bétail*
to raise / to rear cattle	*élever du bétail*
a chicken	*un poulet*
a hen	*une poule*
an ox (plu. oxen) ; beef	*un bœuf ; du bœuf (la viande)*
a pig; pork	*un porc ; du porc (la viande)*
a calf (plu. calves); veal	*un veau ; du veau (la viande)*
a lamb; lamb	*un agneau ; de l'agneau (la viande)*
mad cow disease	*la maladie de la vache folle*
bird flu / avian flu	*la grippe aviaire*
sustainable agriculture	*l'agriculture durable*
organic farming	*l'agriculture bio*
factory farming	*l'élevage industriel*
intensive farming	*l'agriculture intensive*
the Common Agricultural Policy / the CAP	*la Politique agricole commune / la PAC*
an agricultural subsidy	*une subvention agricole*

LES MOTS AU SERVICE DES IDEES

The farm crisis has been going on for more than ten years now and things are not looking up.

La crise agricole dure maintenant depuis plus de dix ans et les choses ne vont pas en s'améliorant.

Every year some farmers decide to leave farming because they are confronted with financial difficulties.

Tous les ans, certains agriculteurs décident d'abandonner l'agriculture parce qu'ils sont confrontés à des difficultés financières.

Some farmers bought modern machinery and cannot get a return on their investment.

Certains agriculteurs ont acheté des machines modernes et ne parviennent pas à rentabiliser leur investissement.

What farmers fear most are the vagaries of the weather.

Ce que les agriculteurs craignent le plus, ce sont les caprices du temps.

Bumper crops sometimes mean hard times for farmers because of saturated markets.

Les récoltes exceptionnelles sont parfois synonymes de temps difficiles pour les agriculteurs en raison de marchés saturés.

They need time to win back consumer confidence after a food health scare.

Il leur faut du temps pour regagner la confiance des consommateurs après une alerte à l'intoxication alimentaire.

Brussels' Common Agricultural Policy is often blamed, rightly or wrongly, for the farm crisis.

La Politique agricole commune de Bruxelles est souvent tenue pour responsable, à tort ou à raison, de la crise agricole.

Britain wants the CAP to be renegotiated.

La Grande-Bretagne réclame une renégociation de la PAC.

Ecologists often reproach modern farming practices for harming the environment.

Les écologistes reprochent souvent aux méthodes agricoles modernes de nuire à l'environnement.

Consumers are more and more concerned about the heavy use of fertilizers and pesticides.

Les consommateurs sont de plus en plus préoccupés par l'utilisation massive des engrais et des pesticides.

More and more people are turning to organic food in spite of higher prices.

De plus en plus de gens se tournent vers les produits bio bien qu'ils soient plus chers.

The rise in organic farming could accelerate in the next few years.

Le développement de l'agriculture bio pourrait s'accélérer dans les prochaines années.

66. FAIR TRADE
LE COMMERCE EQUITABLE

fair trade products	*les produits issus du commerce équitable*
fair trade food	*les denrées alimentaires issues du commerce équitable*
guilt-free foods	*des denrées à consommer sans honte*
fairly traded fruit	*des fruits issus du commerce équitable*
coffee	*du café*
tea	*du thé*
bananas	*des bananes*
orange juice	*du jus d'orange*
chocolate	*du chocolat*
cocoa	*du cacao*
sugar	*du sucre*
honey	*du miel*
fair trade clothes	*des vêtements issus du commerce équitable*
handicrafts	*des produits artisanaux*
labelled products	*des produits labellisés*
to promote fair trade	*promouvoir le commerce équitable*
fair competition	*la concurrence loyale*
to appeal to sb's sense of economic justice	*faire appel au sens de la justice économique de qqn*
to combat unfair trade rules	*combattre des règles commerciales inéquitables*
to challenge the dominant system	*défier le système dominant*
to create a fairer world	*créer un monde plus équitable*
to support small producers	*soutenir les petits producteurs*
to save a farmer from bankruptcy	*sauver un paysan de la ruine*
to stop exploiting farmers	*arrêter d'exploiter les paysans*
to pay a guaranteed price	*payer un prix minimum garanti*
to mitigate losses	*atténuer les pertes*
to pay a premium above market rates	*payer un peu plus que les cours du marché*
to bypass multinationals	*court-circuiter les multinationales*
to cut out the middleman	*éliminer les intermédiaires*
to benefit from fair trade	*bénéficier du commerce équitable*
to reap the benefits of one's labour	*récolter les fruits de son travail*
to earn a decent wage	*gagner assez d'argent pour vivre*
to go mainstream	*se populariser*

There is growing consumer awareness of how and where goods are produced.

Les consommateurs sont de plus en plus conscients de la façon dont les denrées sont produites et de leur provenance.

A growing number of supermarket customers are influenced by ethical considerations.

De plus en plus de clients des supermarchés sont influencés par des considérations éthiques.

Some consumers are willing to pay a bit extra if they are absolutely sure that Third World farmers receive a reasonable return for their labour.

Certains consommateurs sont prêts à payer un peu plus s'ils sont sûrs et certains que le travail des paysans du tiers-monde est payé correctement.

Trade, not aid is what small producers in Africa or Latin America want and fair trade, not free trade.

Le commerce, pas la charité, et le commerce équitable, pas le libre-échange, voilà ce que veulent les petits producteurs africains ou latino-américains.

The money from fair trade food passes through very few hands on its way from your pocket to the pocket of a poor farmer.

L'argent des produits alimentaires issus du commerce équitable passe par très peu de mains lorsqu'il va de votre poche à celle d'un paysan pauvre.

When the world coffee price drops, coffee growers have barely enough to survive.

Lorsque le cours mondial du café chute, les planteurs de café ont à peine de quoi survivre.

Fair trade is now moving rapidly into schools, companies, local authorities, and supermarkets.

Le commerce équitable est en train de se développer rapidement dans les écoles, les entreprises, les conseils régionaux et les supermarchés.

Fair trade is a drop in the ocean set against the $180 bn worth of retail sales in Britain each year.

Le commerce équitable est une goutte d'eau dans la mer comparé aux 180 milliards de dollars de ventes au détail effectuées en Grande-Bretagne chaque année.

Sales are soaring but fair trade is far from being a global alternative to free trade.

Les ventes explosent mais le commerce équitable est loin de pouvoir remplacer le libre échange à l'échelle mondiale.

Why not do a good deed and join the thousands of customers who already buy fair trade tea?

Pourquoi ne pas faire une bonne action en vous joignant aux milliers de consommateurs qui achètent déjà du thé issu du commerce équitable ?

67. GLOBALIZATION
LA MONDIALISATION

a pro-globalizer	*un mondialiste*
to go global / to globalize	*se mondialiser*
the global village	*le village planétaire*
the World Economic Forum	*le Forum économique mondial*
an anti-globalizer	*un anti-mondialiste*
global alternatives	*l'alter-mondialisme*
ethical globalization	*la mondialisation éthique*
growth	*la croissance*
the market	*le marché*
liberalisation	*la libéralisation*
competition	*la concurrence*
privatisation / to privatise	*la privatisation / privatiser*
deregulation	*la déréglementation*
the deregulation of trade	*la déréglementation des échanges commerciaux*
to deregulate	*déréglementer*
to deregulate prices	*libérer les prix*
price fixing	*des ententes illicites (sur les prix)*
decentralisation / to decentralise	*la décentralisation / décentraliser*
the relocation of companies	*la délocalisation des entreprises*
to relocate a company	*délocaliser une entreprise*
to be relocated	*être délocalisée (une entreprise)*
the outsourcing (of a job)	*l'externalisation (d'une activité)*
a market economy	*une économie de marché*
liberalism	*le libéralisme*
to protect poor people's livelihoods	*protéger les revenus des pauvres*
to preserve local identity	*préserver l'identité locale*
to enrich cultural diversity	*enrichir la diversité culturelle*
to have a slice of the cake	*avoir sa part du gâteau*
to reap the benefits of one's efforts	*récolter les fruits de ses efforts*
sustainable development	*le développement durable*
environmental protection	*la protection de l'environnement*
social justice	*la justice sociale*
to trade at a loss	*vendre à perte*
export premiums	*des primes à l'exportation*
a subsidy	*une subvention*
to subsidize	*subventionner*
guarantees against falling prices	*des garanties contre la baisse des prix*
the removal of trade barriers	*l'abolition des barrières douanières*

Like it or not, globalization has become an inescapable reality.

Qu'on le veuille ou non, la mondialisation est devenue une réalité incontournable.

Adjusting to the realities of globalization is a challenge, albeit one that offers opportunities.

S'adapter aux réalités de la mondialisation est un défi, même si c'est un défi qui ouvre des perspectives.

In theory, everyone stands to gain from globalization but in practice it's a different story.

En théorie, la mondialisation devrait bénéficier à tout le monde mais en pratique, c'est une tout autre histoire.

Globalization is often held responsible for the high unemployment rate in France and other European countries.

On accuse souvent la mondialisation d'être responsable du taux de chômage élevé en France et dans d'autres pays européens.

Workers in rich countries often bear the brunt of mass privatisation, deregulation and relocation.

Les travailleurs des pays riches paient souvent au prix fort les privatisations, les déréglementations et les délocalisations à outrance.

R & D is an important way forward in helping countries face the challenges of globalization.

La recherche et le développement ont un rôle non négligeable à jouer pour aider les pays à affronter les défis de la mondialisation.

When developing countries export to the West they have to pay tariffs four times that between Western countries themselves.

Quand les pays en développement exportent à l'Ouest, ils doivent payer des droits de douane quatre fois plus élevés que ceux des pays occidentaux entre eux.

Rich countries refuse to cut their agricultural subsidies while insisting that poor countries open their economies to Western companies.

Les pays riches refusent de réduire leurs subventions agricoles tout en réclamant que les pays pauvres ouvrent leurs économies aux entreprises occidentales.

A world connected by technology and trade must also be connected by shared values and similar codes of behaviour.

Un monde qui est relié par la technologie et le commerce doit aussi être relié par des valeurs communes et des codes de conduite semblables.

How can we make the transition to a more sustainable development while fuelling the economy?

Comment passer progressivement à un développement plus durable tout en faisant tourner l'économie ?

More and more people want an alternative to liberal globalization.

De plus en plus de gens veulent une alternative à la mondialisation libérale.

68. MEDICAL PROGRESS
LES PROGRES DE LA MEDECINE

modern medicine	*la médecine moderne*
medical research	*la recherche médicale*
cancer research	*la recherche contre le cancer*
to do / to carry out research into / on	*faire des recherches sur*
an advance	*un progrès*
a major breakthrough	*une découverte capitale*
to be on the horizon	*être en vue (découverte, vaccin, etc.)*
to make giant strides	*avancer à pas de géant*
a research team	*une équipe de chercheurs*
a researcher	*un chercheur*
a pioneer in the field of	*un pionnier dans le domaine de*
to pave the way for sth	*ouvrir la voie à qqch*
to discover	*découvrir*
(to make) a discovery	*(faire) une découverte*
a treatment	*un traitement*
to treat	*traiter*
a revolutionary technique	*une technique révolutionnaire*
state-of-the-art medicine	*la médecine de pointe*
open-heart surgery	*la chirurgie à cœur ouvert*
laser surgery	*la chirurgie au laser*
microsurgery	*la micro- chirurgie*
sophisticated surgical tools	*des instruments chirurgicaux sophistiqués*
a scanner	*un scanner (l'appareil)*
to have an ultrasound scan	*passer une échographie*
to have an MRI	*passer une IRM*
to have a scan	*passer un scanner*
to have an X-ray	*passer une radio*
a diagnosis / (plu. diagnoses)	*un diagnostic / des diagnostics*
to diagnose	*diagnostiquer*
preventive medicine	*la médecine préventive*
a screening test	*un test de dépistage*
an effective drug	*un médicament efficace*
a wonder drug	*un remède miracle*
a vaccine / to vaccinate	*un vaccin / vacciner*
to be operated on	*être opéré*
a heart transplant	*une transplantation cardiaque*
a kidney transplant	*une transplantation rénale*
to eradicate a disease	*éradiquer une maladie*
to conquer a disease	*vaincre une maladie*

LES MOTS AU SERVICE DES IDEES

Thanks to medical progress, life expectancy has increased dramatically.

Grâce aux progrès de la médecine, l'espérance de vie a augmenté de façon spectaculaire.

Not only has medical progress lengthened life, but also it has deepened its quality.

Non seulement le progrès médical a allongé la durée de la vie, mais il a aussi amélioré sa qualité.

Medical progress has contributed substantially to the dramatic fall in infant mortality.

Le progrès médical a considérablement contribué à la baisse spectaculaire de la mortalité infantile.

Prevention is better than cure.

Mieux vaut prévenir que guérir.

All women over 50 are regularly screened for breast cancer.

Toutes les femmes de plus de 50 ans font régulièrement un test de dépistage du cancer du sein.

More money will have to be spent on medical research if we want to conquer diseases like cancer orAIDS.

Il faudra consacrer plus d'argent à la recherche médicale si nous voulons vaincre des maladies telles que le cancer ou le sida.

Capable of very fine movements, robots can work in spaces too small for a surgeon's hands.

Capables de mouvements très précis, les robots peuvent opérer dans des espaces qui sont trop petits pour les mains d'un chirurgien.

With robots trauma to tissue is drastically reduced, cutting post-operative pain and slashing recovery times.

L'utilisation des robots permet de diminuer considérablement les traumatismes subis par les tissus, ce qui réduit la douleur post-opératoire et accélère la guérison.

Using high-speed robots and the secrets of the human genome, scientists are changing forever the way to discover new medicines.

Grâce à des robots ultrarapides et aux secrets du génome humain, les scientifiques sont en train de changer à jamais la façon de découvrir de nouveaux médicaments.

Recent discoveries that probe, analyse and manipulate genes now pave the way for a second century of unprecedented medical progress.

De récentes découvertes qui examinent, analysent et manipulent les gènes ouvrent maintenant la voie à un deuxième siècle de progrès médical sans précédent.

Amazing new medicines based on DNA will revolutionise our lives.

De nouveaux médicaments extraordinaires basés sur l'ADN révolutionneront notre vie.

Progress is unstoppable.

On n'arrête pas le progrès.

69. GENETIC ENGINEERING
LES MANIPULATIONS GENETIQUES

genetics	*la génétique*
a geneticist / a gene scientist / a genetic engineer	*un généticien*
a gene	*un gène*
to tinker with a gene	*modifier un gène*
the genetic code	*le code génétique*
the human genome	*le génome humain*
the genetic make-up / the gene pool / the genetic blueprint	*le patrimoine génétique*
genetic information	*les informations génétiques*
genetic screening	*le dépistage génétique*
genetic fingerprinting	*l'analyse de l'empreinte génétique*
gene therapy	*la thérapie génique*
a stem cell	*une cellule souche*
an embryonic stem cell	*une cellule souche embryonnaire*
an embryo	*un embryon*
human-embryo research	*la recherche sur l'embryon humain*
to harvest cells from embryos	*récolter des cellules à partir d'embryons*
a somatic / germinal cell	*une cellule somatique / germinale*
a clone	*un clone*
cloning	*le clonage*
human cloning / animal cloning	*le clonage humain / animal*
therapeutic cloning	*le clonage thérapeutique*
reproductive cloning	*le clonage reproductif*
an egg	*un œuf*
a donor	*un donneur, une donneuse*
a nucleus (plu. nuclei)	*un noyau / des noyaux*
DNA	*l'ADN*
an experiment	*une expérience*
to experiment on humans	*faire des expériences sur l'homme*
to create designer babies	*créer des bébés sur mesure*
to repair damaged heart muscle	*restaurer des tissus cardiaques abîmés*
to speed up cures for genetic diseases	*accélérer les traitements des maladies génétiques*
ethics	*l'éthique*
to raise ethical issues	*poser des problèmes d'éthique*
unethical / immoral	*contraire à l'éthique, immoral*
to open up new prospects	*ouvrir de nouvelles perspectives*

Genetic engineering enables scientists to develop animals and plants to suit their needs.

Les manipulations génétiques permettent aux scientifiques de créer des animaux et des plantes en fonction de leurs besoins.

Stem cells are a treasure trove of information on the deepest mysteries of human development.

Les cellules souches sont une mine d'informations sur les plus profonds mystères du développement humain.

A South Korean team has cloned human embryos and successfully extracted stem cells from one of them.

Une équipe sud-coréenne a cloné des embryons humains et a réussi à extraire des cellules souches de l'un d'eux.

What the South Koreans did is a milestone in medical research.

Ce qu'ont fait les Sud-Coréens marque une étape importante dans la recherche médicale.

Researchers must still work out how to turn stem cells into human replacement tissue needed to treat diseases.

Les chercheurs doivent encore apprendre à transformer des cellules souches en tissu humain de remplacement indispensable pour traiter les maladies.

Stem cell research opens the way for treatment for diseases such as diabetes, Parkinson's and Alzheimer's.

La recherche sur les cellules souches ouvre la voie au traitement de maladies telles que le diabète, les maladies de Parkinson et d'Alzheimer.

Many geneticists support therapeutic cloning which could allow them to produce replacement parts for damaged organs.

Beaucoup de généticiens sont favorables au clonage thérapeutique qui pourrait leur permettre de créer des pièces de rechange pour des organes endommagés.

For the enemies of therapeutic cloning, an embryo, no matter how small, is a life that must be respected.

Pour les adversaires du clonage thérapeutique, un embryon, si petit soit-il, est une vie qu'il faut respecter.

For some, tinkering with human embryos leaves the door wide open to all sorts of abuses.

Modifier des embryons humains, c'est pour certains la porte ouverte à tous les abus.

There is a risk that crackpots of all kinds may use genetic engineering to mould human beings to their liking.

Le risque existe que des fêlés en tous genres utilisent les manipulations génétiques pour façonner des êtres humains à leur convenance.

We must draw a line somewhere.

Il y a une limite à ne pas dépasser.

70. BIOTECHNOLOGY
LA BIOTECHNOLOGIE

GMOs	*les OGM*
the biotechnology business	*l'industrie biotechnologique*
a biotechnology firm	*une entreprise biotechnologique*
the pharmaceutical industry	*l'industrie pharmaceutique*
a biotech drug	*un médicament biotechnologique*
agricultural biotechnology	*la biotechnologie agricole*
agribusiness	*l'industrie agroalimentaire*
agronomy	*l'agronomie*
an agronomist / an agricultural scientist	*un agronome, un ingénieur agronome*
a biotech product	*un produit transgénique*
biotechnology's advocates	*les partisans de la biotechnologie*
biotechnology's opponents	*les ennemis de la biotechnologie*
to ban biotech products	*interdire les produits transgéniques*
to be suspicious of	*se méfier de*
the Europeans' suspicion of biotechnology	*la méfiance des Européens vis-à-vis de la biotechnologie*
a consumer group	*une association de consommateurs*
consumer fears / consumers' fears	*les craintes des consommateurs*
to assuage consumer fears	*apaiser les craintes des consommateurs*
consumer resistance	*la résistance des consommateurs*
GM food / GM foods	*l'alimentation transgénique*
the labelling of GM food	*l'étiquetage de l'alimentation transgénique*
traceability	*la traçabilité*
a risk assessment test	*un test de dangerosité*
to enter the food chain	*entrer dans la chaîne alimentaire*
GM crops	*les cultures transgéniques*
the marketing of GM soya beans	*la commercialisation du soja transgénique*
GM maize / GM cotton / GM rice	*le maïs, le coton, le riz transgénique*
conventional crops	*les cultures traditionnelles*
to plant	*planter*
a seed	*une graine*
to be resistant to drought / to insects	*résister à la sécheresse, aux insectes*
to increase yields	*augmenter les rendements*
a tool to combat hunger	*un outil pour combattre la faim*
to pull up crops	*arracher des cultures*
cross-pollination	*la pollinisation croisée*

LES MOTS AU SERVICE DES IDEES

Genetically modified (GM) foods will remain a highly controversial issue for years to come.

L'alimentation transgénique va rester un sujet très controversé pendant des années.

With world food requirements likely to increase by 50% within 25 years, following the GM route might become a necessity.

Les besoins alimentaires mondiaux étant susceptibles d'augmenter de 50 % dans les 25 ans à venir, s'engager sur la voie des OGM pourrait devenir une nécessité.

Some say that GM crops are more likely to benefit big companies than poor people.

Certains disent que les cultures transgéniques risquent fort de bénéficier plus aux grandes entreprises qu'aux pauvres.

Who knows what the health effects of GM foods might be?

Qui sait ce que pourraient être les conséquences de l'alimentation transgénique sur la santé ?

People do not want governments to put the interests of the biotech industry ahead of consumers and the environment.

Les gens ne veulent pas que les gouvernements fassent passer les intérêts de l'industrie biotechnologique avant ceux des consommateurs et de l'environnement.

Protecting organic crops from cross-pollination is highly unlikely.

Protéger les cultures bio contre la pollinisation croisée risque de s'avérer impossible.

When GM crops crossbreed with local wild plants, they create herbicide-resistant "superweeds".

Lorsque des plantes transgéniques se reproduisent avec des plantes sauvages locales, elles créent des « super-mauvaises herbes » qui résistent aux herbicides.

Public opposition to eating food from GM animals could be even greater than that to GM crops.

L'opposition du public à la consommation de nourriture issue d'animaux transgéniques pourrait être pire que celle aux cultures transgéniques.

It is difficult for poor countries not to cave in to pressure from large US biotechnology firms.

Il est difficile aux pays pauvres de ne pas céder à la pression des grandes entreprises biotechnologiques américaines.

Biotech trees could be the only way to increase the production of wood without decimating existing forests.

Les arbres transgéniques pourraient être la seule façon d'augmenter la production de bois sans décimer les forêts existantes.

It may take years to convince European consumers that GM foods are not Frankenstein foods.

Il faudra peut-être des années pour convaincre les consommateurs européens que l'alimentation transgénique n'est pas synonyme d'alimentation diabolique.

71. AN AUTOMATED WORLD
UN MONDE AUTOMATISE

the automation (of a factory, etc.)	*l'automatisation, la robotisation (d'une usine, etc.)*
to automate	*automatiser, robotiser*
an automaton	*un automate*
automatons / automata	*des automates*
a robot	*un robot*
robotics	*la robotique*
robotic equipment	*de l'équipement robotisé*
a domestic robot	*un robot domestique*
office automation	*la bureautique*
technological know-how	*le savoir-faire technologique*
the computer age	*l'ère informatique*
the computer revolution	*la révolution informatique*
computer science / data processing	*l'informatique*
he works in computing	*il travaille dans l'informatique*
computer programming	*la programmation informatique*
a computer program	*un programme informatique*
the computing industry	*l'industrie informatique*
a computer	*un ordinateur*
hardware	*le matériel informatique*
software	*un logiciel, des logiciels*
a computerized system	*un système informatisé*
the computerization (of a system)	*l'informatisation (d'un système)*
to be computer literate / to be computerate	*avoir des connaissances en informatique*
a computer engineer	*un ingénieur informaticien*
a computer scientist	*un informaticien*
a computer addict	*un passionné d'informatique*
a computer buff	*un fana d'informatique*
a computer geek / a computer nerd	*un cinglé de l'informatique*
electronics	*l'électronique*
the electronics industry	*l'industrie électronique*
an electronics engineer	*un (ingénieur) électronicien*
to be user-friendly	*être convivial, être facile à utiliser*
a high-tech park	*une technopole*
a futuristic system	*un système futuriste*
to adapt to modern technology	*s'adapter à la technologie moderne*
to keep up with the new technologies	*se tenir au courant des nouvelles technologies*
a technophobe	*un technophobe*

LES MOTS AU SERVICE DES IDEES

We live in a technology-driven world.

Nous vivons dans un monde mû par la technologie.

Robots and computers have transformed the way we live and work.

Les robots et les ordinateurs ont transformé la façon dont nous vivons et dont nous travaillons.

Robots and computers often save men doing stultifying chores.

Les robots et les ordinateurs évitent souvent à l'homme de faire des corvées abrutissantes.

Being able to use a computer is an absolute necessity today, were it only to send an e-mail.

Savoir se servir d'un ordinateur est absolument indispensable aujourd'hui, ne serait-ce que pour envoyer un e-mail.

Robots take no coffee breaks, do not call in sick on Mondays, do not go on strike and do not take holidays.

Les robots ne font pas de pause café, ne se font pas porter malades le lundi, ne se mettent pas en grève et ne prennent pas de vacances.

Robots can work tirelessly for 24 hours a day and do not qualify for pensions.

Les robots peuvent travailler sans relâche 24 heures par jour et n'ont pas droit à une retraite.

Nowadays manual jobs are few and far between in some sectors.

De nos jours, les métiers manuels se font rares dans certains secteurs.

If robots can do men's work faster, better and more cheaply, what will men do?

Si les robots peuvent faire le travail de l'homme plus vite, mieux et moins cher, que feront les hommes ?

With the advent of modern technology some workers feel as if they have outlived their usefulness.

Avec l'avènement de la technologie moderne, certains ouvriers ont l'impression d'être devenus inutiles.

One of the dangers of excessive automation is the dehumanization of society.

L'un des risques de l'automatisation à outrance est la déshumanisation de la société.

It looks as if domestic robots are unlikely to do the tedious household chores for some time to come.

Il semble peu probable que les robots domestiques fassent les corvées ménagères fastidieuses avant un certain temps.

Are machines the servants of men or are we the servants of machines?

La machine est-elle l'esclave de l'homme ou sommes-nous les esclaves de la machine ?

72. WORKING IN THE HIGH-TECH AGE
TRAVAILLER A L'HEURE DE LA HAUTE TECHNOLOGIE

high technology	*la haute technologie*
the hi(gh)-tech revolution	*la révolution technologique*
to revolutionize	*révolutionner*
state-of-the-art technology	*la technologie de pointe*
the virtual office	*le bureau virtuel*
hi(gh) tech equipment	*de l'équipement de haute technologie*
a desktop / a desktop computer	*un ordinateur de bureau*
a computer screen	*un écran d'ordinateur*
a keyboard	*un clavier*
a mouse	*une souris*
a USB key	*une clé USB*
a laptop	*un (ordinateur) portable*
a (laser) printer	*une imprimante (laser)*
a photocopier	*un photocopieur*
to photocopy	*photocopier*
a scanner	*un scanner*
a PDA (= a personal digital assistant)	*un agenda électronique de poche*
a fax machine / a fax	*un fax*
a mobile / a mobile phone / a cellphone	*un portable, un téléphone portable*
a Dictaphone	*un Dictaphone*
a videophone	*un vidéophone*
to send an e-mail	*envoyer un courriel*
to send a fax	*envoyer un fax*
to use the Internet	*utiliser Internet*
to work differently	*travailler autrement*
new ways of working	*de nouvelles façons de travailler*
new ways of communicating	*de nouvelles façons de communiquer*
teleworking / telecommuting	*le télétravail*
a teleworker / a telecommuter	*un télétravailleur*
to telework	*télétravailler*
a mobile worker	*un travailleur nomade*
to work from home	*travailler depuis chez soi*
to use teleconferencing	*utiliser la téléconférence*
a teleconference	*une téléconférence*
to teleconference	*faire de la téléconférence*
to use video conferencing	*utiliser la visioconférence*
a video conference	*une visioconférence*
to jobshare	*partager son poste avec qqn d'autre*

LES MOTS AU SERVICE DES IDEES

Modern technology has revolutionized the way many people work.

La technologie moderne a révolutionné la façon dont beaucoup de gens travaillent.

How amazed our ancestors would be if they saw the state-of-the-art technology we have at our disposal to work!

Nos ancêtres seraient vraiment sidérés s'ils voyaient la technologie de pointe dont nous disposons pour travailler.

Some people are reluctant to use new technologies but they will have to get used to them, like it or not.

Certains rechignent à utiliser les nouvelles technologies mais il faudra bien qu'ils s'y mettent, que cela leur plaise ou non.

The paperless office is not a dream, it is a nightmare. People use more paper than ever before.

Le bureau sans papier n'est pas un rêve. C'est un cauchemar. Les gens n'ont jamais utilisé autant de papier.

Is the end of the traditional office around the corner?

La fin du bureau traditionnel est-elle pour demain ?

More and more people are beginning to adopt teleworking. It saves them the bother of commuting to their office.

De plus en plus de gens se mettent au télétravail. Cela leur évite le tracas de se déplacer jusqu'à leur bureau.

One can wonder if the virtual office is synonymous with freedom or isolation.

On peut se demander si le bureau virtuel est synonyme de liberté ou d'isolement.

Frequent travellers think video conferencing is a godsend. They don't have to hop on a plane every day.

Ceux qui voyagent souvent bénissent les visioconférences. Ils ne sont pas obligés de sauter dans un avion tous les jours.

Video conferencing may cut the travel expenses of a company but it will never replace the need for face-to-face communication.

Le système de visioconférences réduit peut-être les frais de déplacement pour une entreprise, mais il ne remplacera jamais le besoin de communiquer face à face.

E-mail enables people to communicate with each other much faster than snail mail.

Le courrier électronique permet aux gens de communiquer entre eux beaucoup plus vite que le courrier postal.

These new ways of working may be extremely convenient, but they could well be the death of genuine human relationships.

Ces nouvelles façons de travailler sont peut-être extrêmement pratiques, mais elles pourraient bien signifier la mort des relations humaines authentiques.

73. THE INTERNET
INTERNET

the World Wide Web / the Web	*le Web, la Toile*
to have access to the Net	*avoir accès à Internet*
broadband internet	*l'Internet haut débit*
a modem	*un modem*
an Internet access provider / an Internet service provider	*un fournisseur d'accès à Internet*
a website	*un site Web, un site Internet*
to log on / to log off	*se connecter / se déconnecter*
to visit a website	*consulter un site Web*
a link	*un lien*
to surf the Net	*naviguer, surfer sur Internet*
an Internet user	*un internaute*
an Internet junkie	*un drogué d'Internet*
cyberspace	*le cyberespace*
a chat room	*un salon de discussion*
a newsgroup	*un forum de discussion*
an Internet address	*une adresse Internet*
to download a file	*télécharger un fichier*
to bookmark a Web page	*créer un signet sur une page Web*
a list of bookmarks / favourites	*une liste de favoris*
a search engine	*un moteur de recherche*
a (web) browser	*un browser*
to Google	*faire une recherche sur Google*
an intranet	*un intranet*
to send sb an e-mail / to e-mail sb	*envoyer un courriel à qqn*
a server	*un serveur*
a virus	*un virus*
a worm	*un ver*
antivirus software	*un antivirus*
a computer hacker	*un pirate informatique*
to bridge the digital divide	*combler le fossé informatique*
a spam email	*un spam*
a webcam	*une webcam*
an Internet-based phone	*un téléphone par Internet*
a WAP phone	*un téléphone WAP*
a smart phone	*un téléphone portable avec accès à Internet*
to shop / to work online	*acheter, travailler en ligne*
e-commerce / e-tail / online shopping	*le commerce électronique, en ligne*
Internet banking	*les services bancaires en ligne*

LES MOTS AU SERVICE DES IDEES

The number of Internet users across the world has exploded.

Le nombre d'internautes dans le monde a explosé.

Providing Internet access to 50% of the world's population by 2015 is an ambitious yet achievable goal.

Fournir l'accès à Internet à 50 % de la population mondiale d'ici 2015 est un objectif ambitieux mais réalisable.

If you want some information just log on and do a search.

Si vous voulez des renseignements, il vous suffit de vous connecter et de faire une recherche.

You can shop from home with a click of your mouse.

On peut faire des achats depuis chez soi d'un clic de souris.

Today almost all companies use the Internet to conduct their business.

Aujourd'hui, pratiquement toutes les entreprises utilisent Internet pour gérer leurs affaires.

The Internet has changed the way people work beyond all imagination.

Internet a changé la façon dont les gens travaillent au-delà de tout ce qu'on pouvait imaginer.

The Internet has become a serious rival to long-distance telephony.

Internet est devenu un sérieux rival pour les communications téléphoniques à longue distance.

The Internet is a powerful engine of economic growth.

Internet est un puissant moteur de croissance économique.

For developing countries hopes are that the Internet might act as an economic equalizer.

Les pays en développement espèrent qu'Internet pourrait être un vecteur d'égalité économique.

Online distance learning can provide quality education for millions.

L'enseignement à distance par Internet peut offrir une éducation de qualité à des millions de personnes.

Phishing—a method of enticing Internet users to submit personal information—is growing dramatically.

L'hameçonnage, méthode qui consiste à convaincre par la ruse des internautes de fournir des renseignements personnels, augmente de façon spectaculaire.

Heavy Internet use may be therapeutic for those people facing social isolation and loneliness.

Une utilisation intensive d'Internet peut avoir des vertus thérapeutiques pour ceux qui sont confrontés à l'isolement social et à la solitude.

Parents must be very careful not to let their children visit pornographic websites.

Les parents doivent veiller attentivement à ce que leurs enfants ne consultent pas des sites pornographiques.

74. THE TELEPHONE
LE TELEPHONE

to (tele)phone sb / to phone up sb / to ring up sb / to give sb a call	*téléphoner à qqn, passer un coup de téléphone à qqn*
to give sb a buzz	*passer un coup de fil à qqn*
to make a (phone) call	*passer un coup de téléphone*
a local call	*un appel local*
a long-distance call	*un appel longue distance*
a subscriber	*un abonné*
to dial a number	*composer un numéro*
a phone number	*un numéro de téléphone*
a phone box / a call box	*une cabine téléphonique*
a payphone	*un téléphone public*
a phone card	*une télécarte*
a phone book / a telephone directory	*un annuaire téléphonique*
to be ex-directory (GB) / to be unlisted (US)	*être sur la liste rouge*
to answer the phone	*répondre au téléphone*
to pick up the phone	*décrocher*
the line is engaged (GB) / is busy (US)	*la ligne est occupée*
Hold on! / Hold the line / Hang on!	*Ne quittez pas !*
a wrong number	*un faux numéro*
a phone conversation	*une conversation téléphonique*
to be on the phone	*être au téléphone*
to be cut off	*être coupé*
to deal with a problem over the phone	*traiter un problème par téléphone*
to put the phone down / to ring off / to hang up	*raccrocher*
to hang up on sb	*raccrocher au nez de qqn*
an answering machine / an answer phone	*un répondeur téléphonique*
a receiver / a handset	*un combiné*
a fixed-wired phone	*un téléphone fixe*
wireless telephony	*la téléphonie sans fil*
a mobile (phone) / a cellphone	*un (téléphone) portable*
a hands-free phone	*un kit mains-libres*
a network	*un réseau*
an operator	*un opérateur*
a text message	*un texto, un SMS*
to text message / to text	*envoyer un texto*
voice mail	*la boîte vocale*
a health hazard / a health threat	*un risque, une menace pour la santé*

Alexander Graham Bell would be amazed to see what his little invention of 1876 has become.

Alexander Graham Bell serait sidéré de voir ce que sa petite invention de 1876 est devenue.

The mobile phone has changed beyond all imagination the lives of those who use it.

Le téléphone portable a changé la vie de ses utilisateurs au-delà de tout ce qu'on pouvait imaginer.

Mobiles are so convenient that one can hardly imagine what life would be like without them.

Le portable est si pratique qu'on s'imagine mal vivre sans lui.

Thanks to the mobile phone you can be in touch with the whole world any time, no matter where you are.

Grâce au téléphone portable, vous pouvez être en contact avec le monde entier n'importe quand, où que vous soyez.

You can now track a mobile phone's location to within 50 metres, which is invaluable when your life is in danger.

On est maintenant capable de géolocaliser un portable à moins de 50 mètres, ce qui est très précieux quand votre vie est en danger.

Who would have thought that the mobile phone could be multipurpose, being by turns a games machine, an emailer, a camera or… a phone?

Qui aurait pensé que le portable pourrait être multifonctionnel, permettant tour à tour de jouer, d'envoyer des courriels, de prendre des photos… ou de téléphoner ?

In the London attacks the terrorists probably used mobile phones to remotely detonate their bombs.

Dans les attentats de Londres, les terroristes ont probablement utilisé des téléphones portables pour faire exploser leurs bombes à distance.

A survey found that many teenagers were losing sleep as a result of the ever-increasing popularity of texting with mobile phones.

Une enquête a révélé que de nombreux adolescents ne dormaient pas assez à cause de la popularité toujours grandissante des textos envoyés avec un portable.

The safety of cellphones is brought into question regularly by some who argue that radio waves from such devices can cause cancer.

La sécurité des portables est régulièrement remise en question par certains qui soutiennent que les ondes radio qu'ils émettent peuvent provoquer un cancer.

Tempers flare quickly when it comes to mobile phones on trains. Are they a boon or a bane?

Lorsqu'il s'agit de téléphone portable, le ton monte rapidement dans les trains. Sont-ils une bénédiction ou une calamité ?

75. SPACE
L'ESPACE

cosmos	*le cosmos*
outer space	*l'espace intersidéral*
a galaxy	*une galaxie*
a comet	*une comète*
a crater	*un cratère*
an asteroid	*un astéroïde*
a black hole	*un trou noir*
a supernova	*une supernova*
a light year	*une année lumière*
the solar system	*le système solaire*
a space programme	*un programme spatial*
NASA	*la NASA*
the European Space Agency	*l'Agence spatiale européenne*
space science	*l'astronautique*
space exploration	*l'exploration spatiale*
space projects	*des projets spatiaux*
zero gravity / weightlessness	*l'apesanteur*
the conquest of space	*la conquête spatiale*
a rocket	*une fusée*
a spaceship / a spacecraft	*un vaisseau spatial*
a space station	*une station spatiale*
a voyage / a journey to Mars	*un voyage sur Mars*
to go on a space walk	*faire une sortie dans l'espace*
a space rendezvous	*un rendez-vous dans l'espace*
a space probe	*une sonde spatiale*
a space shuttle	*une navette spatiale*
a weather satellite	*un satellite météorologique*
the launch of a satellite	*le lancement d'un satellite*
a space flight	*un vol spatial*
a manned / unmanned flight	*un vol habité / inhabité*
an astronaut / a cosmonaut	*un astronaute / un cosmonaute*
to go into orbit / to be in orbit	*se mettre / être en orbite*
to orbit Mars	*orbiter autour de Mars*
a reconnaissance orbiter	*un orbiteur de reconnaissance*
to land on the moon	*alunir, atterrir sur la lune*
the lunar surface	*la surface de la lune*
an exploratory robot	*un robot explorateur*
a rover	*un véhicule lunaire*
space tourism	*le tourisme spatial*

"One small step for man, one giant leap for mankind" were Neil Armstrong's words when he set foot on the moon on July 21st 1969.

« Un petit pas pour l'homme, mais un pas de géant pour l'humanité », furent les mots de Neil Armstrong quand il a posé le pied sur la lune le 21 juillet 1969.

The space age has transformed the way that many people live, making global communications far easier and cheaper.

L'ère spatiale a transformé la façon dont beaucoup de gens vivent en rendant les communications mondiales bien plus faciles et bien moins chères.

Earth-observing satellites are an accurate way of mapping the planet.

Les satellites d'observation de la Terre sont une façon précise de dresser la carte de la planète.

Satellites can locate mineral deposits, flood or fire hazards, measure the retreat of glaciers and track a hurricane.

Les satellites peuvent localiser les gisements de minerais, les risques d'inondations ou d'incendie, mesurer le recul des glaciers et suivre la trajectoire d'un cyclone.

Exploring our universe has become an urgent necessity for the future survival of our species.

L'exploration de notre univers est devenue une nécessité urgente pour la survie future de notre espèce.

The space probe Huygens landed on Saturn's largest moon, Titan, to help us understand the origins of life on Earth.

La sonde Hugyens s'est posée sur la plus grosse lune de Saturne, Titan, pour nous aider à comprendre les origines de la vie sur terre.

Even if we could live on Mars, we must first get there.

Même si on pouvait vivre sur Mars, il faut d'abord y aller.

The 100 million-mile journey to Mars would take 9 months and would be a physical as well as psychological battle for survival.

Le voyage de 160 millions de kilomètres pour aller sur Mars prendrait 9 mois et il faudrait se battre physiquement autant que psychologiquement pour rester en vie.

The proof of past water and methane on Mars is intriguing scientists who believed that the planet was long dead.

La présence avérée d'eau et de méthane sur Mars dans le passé intrigue les scientifiques qui croyaient la planète morte depuis longtemps.

To put a man on Mars, the US, Europe and China face a stark choice : cooperate or go it alone.

Pour mettre un homme sur Mars, les Etats-Unis, l'Europe et la Chine sont confrontés à un choix difficile : coopérer ou faire cavalier seul.

In the coming decade or two it will be possible to take a trip to outer space for the modest outlay of around $100,000.

Dans les 10 ou 20 ans à venir, vous pourrez faire un voyage dans le cosmos pour la modique somme d'environ 100 000 dollars.

76. ILLNESS
LA MALADIE

to be ill (GB) / to be sick (US)	*être malade*
to be sick (GB)	*1) avoir des nausées 2) être malade*
to fall ill / to be taken ill	*tomber malade*
an illness / a disease	*une maladie*
a serious disease	*une maladie grave*
a fatal disease / an incurable disease	*une maladie mortelle, incurable*
to suffer from an illness	*souffrir d'une maladie*
to recover from an illness	*guérir d'une maladie*
recovery	*la guérison*
a mental illness	*une maladie mentale*
to be physically / mentally disabled	*être handicapé moteur / mental*
a catching / contagious / infectious disease	*une maladie contagieuse*
tuberculosis / TB	*la tuberculose*
polio	*la polio*
tetanus	*le tétanos*
malaria	*la malaria*
German measles	*la rubéole*
(to have) flu	*avoir la grippe*
the flu virus	*le virus de la grippe*
an epidemic	*une épidémie*
SARS	*le SRAS*
AIDS	*le sida*
herpes	*l'herpès*
river blindness	*la cécité des rivières*
sleeping sickness	*la maladie du sommeil*
a heart attack / a cardiac arrest	*une crise cardiaque*
high blood pressure / hypertension	*l'hypertension*
a stroke	*une attaque cérébrale*
breast / skin / colon / lung / liver cancer	*le cancer du sein / de la peau / du colon / du poumon / du foie*
a brain tumour	*une tumeur au cerveau*
kidney failure	*l'insuffisance rénale*
diabetes	*le diabète*
cholesterol	*le cholestérol*
asthma	*l'asthme*
multiple sclerosis / MS	*la sclérose en plaques*
Down's syndrome	*le mongolisme*
a birth defect	*une malformation congénitale*
Alzheimer's (disease)	*la maladie d'Alzheimer*

Deadly new infections are likely to emerge from globalised travel and trade.

Il est probable que de nouvelles maladies infectieuses mortelles apparaîtront du fait de la circulation des personnes et des marchandises dans le monde entier.

Despite what is often heard, cancer is thriving. In Britain four out of ten people are likely to contract cancer at some stage in their lives.

Malgré ce qu'on entend souvent, le cancer se porte bien. En Grande-Bretagne, 4 personnes sur 10 risquent d'avoir un cancer à un moment ou à un autre de leur vie.

Cervical cancer is declining but breast cancer has almost doubled.

Le cancer du col de l'utérus est en baisse, mais le cancer du sein a presque doublé.

Prostate cancer has risen by 200% and testicular cancer in young men by 300% in the past 50 years.

Au cours des 50 dernières années, le cancer de la prostate a augmenté de 200 % et celui du testicule chez l'homme jeune de 300 %.

The rise in cancer figures may be due, among other things, to pesticides, herbicides, beef hormones, asbestos exposure and oral contraceptives.

L'augmentation du nombre de cancers est peut-être due entre autres aux pesticides, herbicides, hormones bovines, à l'exposition à l'amiante et aux contraceptifs oraux.

More and more studies highlight the dangers of artificial sweeteners.

De plus en plus d'études soulignent les dangers des édulcorants de synthèse.

There are growing fears that hormone replacement therapy (HRT) increases the risk of cancer in older women.

On soupçonne de plus en plus le traitement hormonal de substitution (THS) d'accroître le risque de cancer chez les femmes d'un certain âge.

Cure or curse? Giving babies antibiotics makes them more likely to suffer from asthma.

Le remède n'est-il pas pire que le mal ? Donner des antibiotiques aux bébés les rend plus sujets à l'asthme.

Chronic inflammation can lead to a host of diseases.

L'inflammation chronique peut entraîner de nombreuses maladies.

Alzheimer's is often described as a disease which slowly switches off the lights in the brain.

Alzheimer est souvent décrit comme une maladie qui éteint progressivement les lumières du cerveau.

Malaria causes about 2.7 million deaths a year and one in three people around the world is at risk of catching it.

La malaria fait environ 2,7 millions de morts par an et une personne sur trois dans le monde risque de l'attraper.

Health is better than wealth.

Santé passe richesse.

77. AIDS
LE SIDA

the HIV virus	*le virus HIV, le virus VIH*
to be HIV positive	*être séropositif*
to pick up the AIDS virus	*contracter le virus du sida*
to be infected with HIV	*être contaminé par le virus HIV*
an AIDS patient / an AIDS sufferer	*un malade du sida*
an AIDS case	*un cas de sida*
to develop AIDS	*contracter le sida*
a global scourge	*un fléau mondial*
an AIDS epidemic	*une épidémie de sida*
to spread	*se propager (le virus, la maladie)*
the spread of the disease	*la propagation de la maladie*
a killer disease	*une maladie mortelle*
to reduce life expectancy	*réduire l'espérance de vie*
to die of AIDS / to die from AIDS	*mourir du sida*
to transmit the virus in childbirth	*transmettre le virus à la naissance*
tainted / infected / contaminated blood	*du sang contaminé*
AIDS orphans	*les orphelins du sida*
a blood transfusion	*une transfusion sanguine*
semen / sperm	*le sperme*
to catch AIDS through unprotected sex	*attraper le sida lors de rapports sexuels non protégés*
high-risk behaviour	*un comportement à haut risque*
multiple partners	*des partenaires multiples*
a high-risk group	*un groupe à haut risque*
oral sex	*les rapports bucco-génitaux*
a condom	*un préservatif*
safe sex	*le sexe sans risque*
the fight against AIDS	*la lutte contre le sida*
a condom vending machine	*un distributeur de préservatifs*
to protect oneself	*se protéger*
chastity	*la chasteté*
abstinence	*l'abstinence*
faithfulness	*la fidélité*
AIDS drugs	*des médicaments contre le sida*
anti-retrovirals / anti-retroviral drugs	*des (médicaments) anti-rétroviraux*
triple therapy	*la trithérapie*
an anti-AIDS campaign	*une campagne contre le sida*
to be screened for AIDS	*passer un test de dépistage du sida*
to be AIDS-free	*ne pas être porteur du virus du sida*

LES MOTS AU SERVICE DES IDEES

The first cases of Aids were identified in 1981. Since then it has killed more than 25 million people.

Les premiers cas de sida ont été identifiés en 1981. Depuis, il a tué plus de 25 millions de personnes.

Although HIV/Aids affects everyone, countries in the developing world have been the worst hit by the pandemic.

Bien que le sida touche tout le monde, ce sont les pays en développement qui paient le plus lourd tribut à la pandémie.

In the early 1980s, Aids was considered to be mainly affecting gay men in wealthy countries. Twenty years later, it mainly affects the poor.

Au début des années 80, on pensait que le sida touchait surtout les homosexuels dans les pays riches. Vingt ans après, il touche surtout les pauvres.

HIV thrives in poor countries, where access to information and education is limited.

Le virus du sida prolifère dans les pays pauvres, où l'accès à l'information et à l'éducation est limité.

The number of people living with HIV could increase to 87 million by 2010 Many are African and Asian women of child-bearing age.

Le nombre de personnes porteuses du virus HIV pourrait atteindre 87 millions en 2010. Beaucoup sont des Africaines ou des Asiatiques en âge d'avoir des enfants.

In India about two million children have lost one or both parents to AIDS.

En Inde, environ 2 millions d'enfants ont perdu soit leur mère, soit leur père, soit les deux à cause du sida.

Needle sharing among drug users is the main driver of the HIV virus in Asia and Eastern Europe.

Les seringues, que les toxicomanes s'échangent, sont le principal vecteur du virus HIV en Asie et en Europe de l'Est.

Preventing mother to child transmission of HIV during pregnancy and delivery or through breastfeeding is becoming a priority in Africa.

En Afrique, empêcher la mère de transmettre le virus HIV à l'enfant pendant la grossesse, l'accouchement ou en l'allaitant devient une priorité.

Condoms, faithfulness and abstinence campaigns can only do so much.

Les préservatifs, la fidélité et les campagnes d'abstinence ont leurs limites.

The hunt for a vaccine for the virus that causes Aids is going global but its discovery is unlikely in the near future.

La recherche d'un vaccin contre le virus du sida se mondialise mais sa découverte semble peu probable à court terme.

If Aids continues unchecked, the GNP of many countries will decline.

Si on n'enraye pas le sida, le PNB de nombreux pays chutera.

As regards HIV/Aids, prevention is better than cure.

En matière de sida, mieux vaut prévenir que guérir.

78. AVIAN FLU
LA GRIPPE AVIAIRE

avian flu / bird flu	*la grippe aviaire*
the H5N1 virus	*le virus H5N1*
the strain of the virus	*la souche du virus*
the spread of the virus	*la propagation du virus*
to spread across the globe	*se propager dans le monde entier*
to spread the disease	*propager la maladie*
an outbreak / an epidemic of avian flu	*une épidémie de grippe aviaire*
a pandemic	*une pandémie*
to be infected with the virus	*être contaminé par le virus*
to be a carrier of the virus	*être porteur du virus*
to develop symptoms	*manifester des symptômes*
to mutate	*muter*
bird-to-human transmission	*la transmission de l'oiseau à l'homme*
human-to-human transmission	*la transmission d'homme à homme*
a communicable disease	*une maladie transmissible*
a human case of bird flu	*un cas humain de grippe aviaire*
a virologist	*un virologiste*
a migratory bird	*un oiseau migrateur*
poultry	*la volaille*
a poultry farm	*une ferme avicole*
a chicken	*un poulet*
a goose (plu. geese)	*une oie (plu. des oies)*
a duck	*un canard*
a turkey	*une dinde*
a swan	*un cygne*
a cormorant	*un cormoran*
the routes of birds	*les itinéraires des oiseaux*
to contain the disease	*circonscrire la maladie*
to cordon off / to seal off an area	*boucler une zone*
to quarantine a village	*mettre un village en quarantaine*
to stockpile antiviral drugs	*stocker des antiviraux*
to wear a mask / gloves	*porter un masque / des gants*
drastic safety standards	*des normes de sécurité draconiennes*
to avert a disaster	*éviter un désastre*
a H5N1 vaccine	*un vaccin contre le virus H5N1*
to ban imports of live poultry	*interdire les importations de volailles vivantes*
to confine poultry to pens	*ordonner le confinement des volailles*

LES MOTS AU SERVICE DES IDEES

Experts warn that an avian-flu pandemic is the worst threat facing the world today.

Les experts préviennent qu'une pandémie de grippe aviaire est la pire menace à laquelle le monde soit confronté aujourd'hui.

According to WHO officials, the arrival of bird flu is a when, not a whether.

Selon certains responsables de l'OMS, la question n'est pas de savoir si la grippe aviaire va frapper, mais quand.

If the virus developed into a form capable of spreading among humans, bird flu could kill millions worldwide.

Si le virus mutait en une forme capable de se propager chez l'homme, la grippe aviaire pourrait tuer des millions de personnes dans le monde.

The H5N1 virus can be deadly to people who come into direct contact with infected birds or eat uncooked poultry.

Le virus H5N1 peut être mortel pour ceux qui sont en contact direct avec les oiseaux infectés ou ceux qui mangent de la volaille crue.

In Southeast Asia, at least 63 people have died and 150 million fowl have perished or been culled because of avian flu since the end of 2003.

En Asie du Sud-Est, au moins 63 personnes sont mortes et 150 millions d'oiseaux ont péri ou ont été supprimés en raison de la grippe aviaire depuis la fin 2003.

An avian flu pandemic could devastate Asian economies and would lead to a global recession.

Une pandémie de grippe aviaire pourrait ruiner les économies asiatiques et entraînerait une récession mondiale.

The virus may be dormant, waiting to wing its way across the globe.

Le virus est susceptible d'être dormant, prêt à se propager dans le monde entier par le biais des oiseaux.

European countries are taking precautions by tightening surveillance of flocks within their borders.

Les pays européens prennent des précautions en renforçant la surveillance des populations d'oiseaux à l'intérieur de leurs frontières.

It is vital to keep wild birds away from domestic fowl.

Il est capital d'empêcher les oiseaux sauvages d'être en contact avec la volaille.

Though it is perfectly safe to eat cooked poultry, chicken sales have plummeted.

Bien que manger de la volaille cuite soit sans risque, les ventes de poulets sont en chute libre.

The media talk about avian flu so often that it has become an obsession and all they managed to do is to scare people.

A force de parler de la grippe aviaire, les médias ont crée une véritable psychose et tout ce qu'ils ont réussi à faire, c'est d'affoler les gens.

79. OBESITY
L'OBÉSITÉ

weight	*le poids*
to weigh every morning	*se peser tous les matins*
to be obese	*être obèse*
adult / childhood obesity	*l'obésité chez les adultes /chez les enfants*
to be overweight	*être trop gros, être en surpoids*
to be 30 kilos overweight	*avoir 30 kilos de trop*
to get fatter / to grow fatter	*grossir*
weight-related problems	*les problèmes liés au poids*
to put on / lose weight	*prendre / perdre du poids*
bulimia	*la boulimie*
to be a big eater	*être un gros mangeur*
to be a compulsive eater	*ne pas pouvoir s'empêcher de manger*
to be overfed	*être suralimenté*
to eat oneself sick	*manger à se rendre malade*
to stuff oneself	*s'empiffrer*
to help oneself to some more food	*reprendre de la nourriture*
to have a second helping of meat	*se resservir de la viande*
fattening food	*de la nourriture qui fait grossir*
fizzy drinks	*les boissons gazeuses*
sugary drinks	*les boissons sucrées*
convenience foods	*les plats cuisinés*
to be / go on a diet	*être / se mettre au régime*
a balanced diet	*une alimentation équilibrée*
a nutritionist	*un nutritionniste*
a low-fat diet / a high-fat diet	*une alimentation pauvre en graisse / riche en graisse*
to be high in calories / low in calories	*être riche / pauvre en calories*
to change one's eating habits	*changer ses habitudes alimentaires*
to keep slim	*garder la ligne*
the daily calorie intake	*l'apport calorique quotidien*
to eliminate excess calories	*éliminer les calories superflues*
a fitness programme	*un programme de remise en forme*
to do sport	*faire du sport*
the lack of exercise	*le manque d'exercice*
a sedentary lifestyle	*un mode de vie sédentaire*
a couch potato	*qqn qui passe son temps devant la télé*
to be an object of ridicule	*être un objet de risée*
to be ostracized by society	*être rejeté par la société*

LES MOTS AU SERVICE DES IDEES

The World Health Organisation (WHO) is concerned about the rising tide of obesity.

L'OMS, l'Organisation mondiale de la santé, s'inquiète de la montée de l'obésité.

Obesity is going global and will send medical costs soaring.

L'obésité devient un problème mondial et provoquera l'explosion des dépenses de santé.

There are strong links between obesity and heart disease, diabetes and cancer.

L'obésité est étroitement liée aux maladies cardiaques, au diabète et au cancer.

The average width of cinema and stadium seats in the US has been increased from 17 to 22 inches.

La largeur moyenne des places dans les cinémas et stades américains est passée de 43 à 56 centimètres.

Teenagers' diet is high in fats and sugars and low in fruit and vegetables.

L'alimentation des adolescents est riche en graisse et en sucre et pauvre en fruits et légumes.

Obesity in children is worrying but reversing the trend is a huge task.

L'obésité chez les enfants est préoccupante, mais inverser la tendance est une tâche colossale.

A child who sits in front of the TV for hours on end, eating crisps and doughnuts, is bound to pile on the kilos.

Un enfant qui passe des heures et des heures devant la télévision en mangeant des chips et des beignets ne peut qu'accumuler les kilos.

Vending machines selling sugary drinks and sweets have been banned from French schools.

Les distributeurs automatiques qui vendent des boissons sucrées et des sucreries ont été interdits dans les écoles françaises.

Banning the advertising of unhealthy food and drinks on TV might help.

Interdire la publicité à la télévision sur la nourriture et les boissons qui sont nuisibles à la santé pourrait aider.

Although she is overweight, she couldn't care less what other people think about her and she feels good about herself.

Bien qu'elle soit trop grosse, elle se moque pas mal du regard des autres et se sent bien dans sa peau.

She has stopped eating junk food and has slimmed down to 55 kilos.

Elle a arrêté de manger des cochonneries et est redescendue à 55 kilos.

He weighs 100 kilos and has decided to declare war on unwanted kilos.

Il pèse 100 kilos et il est décidé à faire la guerre aux kilos superflus.

Woe to those who are obese in a society where slimness is the norm.

Malheur à ceux qui sont obèses dans une société où la norme est d'être mince.

80. DRUGS
LA DROGUE

drug addiction / drug dependence	*la toxicomanie*
to take drugs / to be on drugs	*se droguer*
to be dependent on drugs	*être dépendent de la drogue*
to experiment with drugs	*toucher à la drogue*
to be high on drugs	*planer*
to be hooked on	*se camer à, se shooter à*
a drug addict	*un drogué, un toxicomane*
a junky / a junkie / a druggie	*un toxico, un camé*
soft drugs / hard drugs	*des drogues douces / des drogues dures*
cannabis	*du cannabis*
marijuana / dope / pot / grass	*de la marijuana, de l'herbe*
cocaine / snow	*de la cocaïne, de la blanche*
heroin	*de l'héroïne*
the date rape drug, GHB	*la drogue du violeur, le GHB*
a joint	*un joint*
a syringe	*une seringue*
a needle	*une aiguille*
a fix	*une piquouse*
to go cold turkey / to have withdrawal symptoms	*être en état de manque*
drug trafficking / drug smuggling	*le trafic de drogue*
a drug trafficker / a drug runner	*un trafiquant de drogue*
to smuggle drugs into a country / out of a country	*introduire / faire sortir de la drogue en contrebande*
a drug dealer / a drug pusher	*un revendeur de drogue*
drug money	*l'argent de la drogue*
money laundering	*le blanchiment de l'argent*
corruption / bribery	*la corruption*
to bribe sb	*corrompre, soudoyer qqn*
a health hazard	*un risque pour la santé*
harmful effects	*des effets nocifs*
a side effect	*un effet secondaire*
a (drug) rehabilitation centre	*un centre de désintoxication*
a drug rehab programme	*une cure de désintoxication*
to be in detox	*être dans un centre de désintoxication*
a plague / a scourge / a bane / a blight	*un fléau, une calamité*
a society problem	*un problème de société*

More than 30 % of America's thirteen-year-olds take drugs.
Plus de 30 % des jeunes Américains de treize ans se droguent.

He died of an overdose.
Il est mort d'une overdose.

Even recreational cocaine users should not underestimate the health risks.
Même ceux qui font de la cocaïne un usage récréatif ne doivent pas sous-estimer les risques pour la santé.

Chronic cannabis smoking can increase the likelihood of heart disease, lung cancer, bronchitis and emphysema.
Fumer du cannabis régulièrement peut augmenter le risque de maladie cardiaque, de cancer du poumon, de bronchite et d'emphysème.

The long-term problems exhibited by many Ecstasy users include memory loss, anxiety, impulsive behaviour and depression.
Parmi les problèmes à long terme rencontrés par de nombreux consommateurs d'Ecstasy, il y a la perte de mémoire, le stress, l'impulsivité et la déprime.

She unknowingly consumed a drink spiked with ecstasy at a club and woke up in a hospital.
Elle a consommé à son insu dans un club une boisson dans laquelle il y avait de l'Ecstasy et elle s'est réveillée à l'hôpital.

Drug addiction is one of the main scourges of the western world.
La toxicomanie est l'un des principaux fléaux du monde occidental.

Some say that taking drugs enables them to lose their inhibitions.
Certains disent que de se droguer leur permet de perdre leurs inhibitions.

Eradicating coca crops would be a heavy blow dealt to drug traffickers.
La destruction des champs de cocas de serait un coup sévère porté aux trafiquants de drogue.

For some young people drug trafficking is the only means to escape their condition; for others it is easy money.
Pour certains jeunes, le trafic de drogue est le seul moyen d'échapper à leur condition; pour d'autres, c'est de l'argent facile.

Drug-related violence is on the increase everywhere.
Les actes de violence commis sous l'emprise de la drogue sont en hausse partout.

As long as some Swiss banks go on laundering dirty money, there will be good times ahead for drug runners.
Tant que certaines banques suisses continueront à blanchir l'argent sale, les trafiquants auront de beaux jours devant eux.

It is high time the governments of the world united their efforts and declared an all-out war on drugs.
Il est grand temps que les gouvernements du monde unissent leurs efforts et déclarent une guerre totale à la drogue.

81. ALCOHOLISM
L'ALCOOLISME

alcohol consumption	*la consommation d'alcool*
alcohol abuse	*l'abus d'alcool, l'alcoolisme*
an alcoholic / a problem drinker	*un alcoolique*
to be alcohol-dependent / to be alcoholic	*être alcoolo-dépendant / être alcoolique*
a heavy drinker	*un gros buveur*
to hit the bottle	*lever le coude, picoler*
to drink to excess	*trop boire*
to drink in moderation	*boire avec modération*
a pint of beer	*une pinte de bière*
booze	*des boissons alcoolisées*
binge drinking	*la biture express, l'alcool-défonce*
a binge drinker	*un adepte de la biture express*
to binge	*prendre une cuite*
to drink like a fish	*boire comme un trou*
to get drunk	*se soûler*
to get sloshed / to go on a bender	*se pinter / prendre une biture*
to be drunk as a lord	*être complètement ivre*
to go on a pub crawl	*faire la tournée des pubs*
he has had too much to drink	*il a trop bu*
he's had one too many	*il a bu un coup de trop*
to drink oneself under the table	*rouler sous la table*
to sober up	*dessoûler*
to have a hangover	*avoir la gueule de bois*
to have a drink problem	*trop boire*
alcohol-related problems	*les problèmes liés à l'alcool*
a drunk / a drunkard	*un ivrogne*
a wino	*un poivrot*
to be under the influence of alcohol	*être sous l'empire de l'alcool*
to be addicted to alcohol	*s'adonner à la boisson*
to drive under the influence	*conduire en état d'ivresse*
cirrhosis (of the liver)	*la cirrhose (du foie)*
a teetotaller	*quelqu'un qui ne boit jamais d'alcool*
to go on the wagon	*arrêter l'alcool*
an anti-drinking campaign	*une campagne antialcoolique*
to ban the advertising of alcohol	*interdire la publicité sur l'alcool*
to raise the minimum drinking age	*relever l'âge légal pour consommer de l'alcool*
to raise alcohol taxes	*augmenter les taxes sur l'alcool*
to restrict the hours of sale	*restreindre les heures de vente*

LES MOTS AU SERVICE DES IDEES

Per capita consumption of alcohol in the UK has doubled since 1960.
Au Royaume-Uni, la consommation d'alcool par personne a doublé depuis 1960.

Alcohol contributes to 100,000 deaths a year in the US.
Tous les ans, 100 000 décès sont liés à l'alcool aux Etats-Unis.

US colleges are a hotbed of binge drinking.
Les universités américaines sont connues pour être des endroits où on se biture.

Every year in the UK alcohol lands 150,000 people in hospital through illness and accidents.
Au Royaume-Uni, 150 000 personnes se retrouvent tous les ans à l'hôpital par suite de maladies ou d'accidents provoqués par l'alcool.

Bingeing is linked to increased risk of thrombosis, high blood pressure and sudden cardiac death.
L'excès de boisson accroît le risque de thrombose, d'hypertension et de crise cardiaque mortelle.

It is difficult to fathom what drives people to drink to excess: group dynamics, stress, anger probably all play a part.
Il est difficile de comprendre ce qui pousse les gens à boire trop : l'effet de groupe, le stress et la colère jouent probablement tous un rôle.

Bear in mind that consumption of alcohol impairs your ability to drive.
N'oubliez-pas que la consommation d'alcool altère votre capacité à conduire.

Don't drink and drive.
Boire ou conduire, il faut choisir.

He sought refuge from reality in the bottle.
Il s'est réfugié dans l'alcool pour fuir la réalité.

The legal blood alcohol limit for driving should be lowered.
Il faudrait abaisser le taux d'alcool autorisé dans le sang pour conduire.

He is a notorious drink-driver.
Tout le monde sait qu'il conduit souvent en état d'ébriété.

He never touches the stuff before driving.
Il ne boit jamais d'alcool avant de conduire.

Do you have anything non-alcoholic, please?
Est-ce que je pourrais avoir une boisson sans alcool, s'il vous plaît ?

He took up drinking after splitting up with his wife.
Il s'est mis à boire après s'être séparé de sa femme.

We found him lying outside the house in a drunken stupor.
On l'a trouvé ivre mort devant la maison.

When he arrived in hospital, he went into a coma due to excessive drinking.
Il est tombé dans un coma éthylique en arrivant à l'hôpital.

He relapsed after spending two months in detox.
Il a rechuté après avoir fait une cure de désintoxication pendant deux mois.

82. SMOKING
LE TABAC

tobacco	*du tabac*
the tobacco industry	*l'industrie du tabac*
a tobacco company / a cigarette maker	*un fabricant de cigarettes*
to target new markets	*cibler de nouveaux marchés*
to smoke a cigarette / a pipe	*fumer une cigarette / la pipe*
a fag	*une clope*
a cigarette brand	*une marque de cigarettes*
a pack / a packet of cigarettes	*un paquet de cigarettes*
a tobacconist	*un buraliste*
mild tobacco	*du tabac blond*
nicotine	*la nicotine*
tar	*le goudron*
to puff at one's cigarette	*tirer sur sa cigarette*
a cigar	*un cigare*
a cigarette butt / a cigarette end	*un mégot*
a filter-tipped cigarette / a filter tip	*une cigarette avec filtre*
an untipped cigarette	*une cigarette sans filtre*
a lighter	*un briquet*
a matchbox	*une boîte d'allumettes*
to give sb a light	*donner du feu à qqn*
a chain smoker	*un très gros fumeur*
a heavy smoker / a compulsive smoker	*un fumeur invétéré*
to inhale the smoke	*avaler la fumée*
tobacco addiction / nicotine addiction	*la dépendance tabagique / le tabagisme*
passive smoking	*le tabagisme passif*
a non-smoker	*un non-fumeur*
a specialist in tobacco addiction	*un tabacologue*
a smoky room	*une pièce enfumée*
lung cancer / throat cancer	*le cancer du poumon / de la gorge*
a health hazard	*un risque pour la santé*
to cough	*tousser*
to stop / to give up / to quit smoking	*arrêter de fumer*
an anti-smoking campaign	*une campagne anti-tabac*
a tobacco ad	*une publicité pour le tabac*
to ban cigarette advertising	*interdire la publicité sur le tabac*
"no smoking"	*« défense de fumer »*
a non-smoking restaurant	*un restaurant non-fumeur*

LES MOTS AU SERVICE DES IDEES

Today nobody disputes the harmful effects of smoking.
Aujourd'hui personne ne conteste les effets nocifs du tabac.

Smoking can seriously damage your health.
Le tabac nuit gravement à la santé.

Not only can cigarette smoking cause lung cancer but it can also cause heart disease and emphysema.
Le tabac peut non seulement causer le cancer du poumon, mais il peut aussi causer des maladies cardiaques ou de l'emphysème.

Smoking when pregnant harms your baby.
Fumer pendant la grossesse nuit à votre bébé.

It is essential to curb teen smoking because the earlier you start smoking, the more likely you are to be a life-long smoker.
Il est essentiel d'enrayer le tabagisme des jeunes car plus on commence à fumer tôt, plus on risque de fumer toute sa vie.

He has been chain-smoking ever since he lost his job.
Depuis qu'il a perdu son emploi, il fume cigarette sur cigarette.

The government has decided to launch a new crusade against cigarette smoking.
Le gouvernement a décidé de repartir en guerre contre le tabagisme.

Swingeing increases in cigarette prices seem to have a major deterrent effect.
Des hausses considérables du prix des cigarettes semblent avoir un effet dissuasif important.

Rather than discouraging consumption, the new taxes may simply encourage massive smuggling of cigarettes throughout Europe.
Plutôt que de décourager la consommation, il est possible que les nouvelles taxes ne fassent qu'encourager la contrebande massive de cigarettes dans toute l'Europe.

He managed to kick his addiction by willpower alone.
Il a réussi à se débarrasser de sa dépendance grâce à sa seule volonté.

There are more and more no smoking areas in the workplace.
Il y a de plus en plus d'espaces non-fumeurs sur le lieu de travail.

There are new laws to create a smoke-free environment at work.
Il existe de nouvelles lois destinées à créer un environnement sans tabac au travail.

Smoking is now banned in all French high-speed trains.
Il est maintenant interdit de fumer dans tous les TGV français.

He filed a lawsuit against Philip Morris for lying about its products.
Il a poursuivi Philip Morris en justice pour avoir menti au sujet de ses produits.

America is fighting tobacco addiction at home but is the biggest exporter of lung cancer.
L'Amérique lutte contre le tabagisme chez elle, mais c'est elle qui est le plus grand exportateur de cancer du poumon.

83. SEXUALITY
LA SEXUALITE

heterosexuality	*l'hétérosexualité*
to be heterosexual / a heterosexual	*être hétérosexuel / un hétérosexuel*
to be straight	*être hétérosexuel*
homosexuality / gayness	*l'homosexualité*
to be homosexual / a homosexual	*être homosexuel / un homosexuel*
to be gay	*être homosexuel (pour un homme)*
a gay	*un homosexuel*
a lesbian	*une homosexuelle, une lesbienne*
the gay community	*la communauté homosexuelle*
gay rights	*les droits des homosexuels*
gay activists	*les défenseurs de l'homosexualité*
gay marriage/ same-sex marriage	*le mariage homosexuel*
to come out (of the closet)	*révéler son homosexualité*
homophobia	*l'homophobie*
tolerance / intolerance	*la tolérance / l'intolérance*
bisexuality	*la bisexualité*
sexual orientation	*l'orientation sexuelle*
sexual intercourse	*les rapports sexuels*
sexual relationships	*les relations sexuelles*
a sexual partner	*un partenaire sexuel*
a sexual experience	*une expérience sexuelle*
sex education	*l'éducation sexuelle*
to be sexually active	*avoir une activité sexuelle*
to make love (with sb)	*faire l'amour (avec qqn)*
to have sex (with sb)	*avoir des rapports sexuels (avec qqn)*
casual sex	*les rapports sexuels occasionnels*
safe sex	*le sexe sans risque*
unprotected sex	*les rapports sexuels non protégés*
contraception	*la contraception*
a contraceptive device	*un moyen de contraception*
a condom	*un préservatif*
an IUD / a coil / a loop	*un dispositif intra-utérin / un stérilet*
to be on the pill	*prendre la pilule*
the morning-after pill	*la pilule du lendemain*
virginity	*la virginité*
to be a virgin	*être vierge*
teenage sex	*le sexe chez les ados*
premarital sex / sex before marriage	*le sexe avant le mariage*
to have a one-track mind	*ne penser qu'à ça*

LES MOTS AU SERVICE DES IDEES

We live in an age obsessed with sex.

Nous vivons à une époque qui est obsédée par le sexe.

Sex is still a taboo subject in many families despite the liberation of morals.

Malgré la libération des mœurs, le sexe reste un sujet tabou dans bien des familles.

For the Catholic church sexual activity is intimately bound up with marriage.

Pour l'Eglise catholique, les relations sexuelles sont étroitement liées au mariage.

Today people have sex for recreation rather than for procreation.

Aujourd'hui, les gens font plus l'amour par plaisir que pour avoir des enfants.

The contraceptive pill has revolutionised women's sex lives.

La pilule contraceptive a révolutionné la vie sexuelle des femmes.

She has been much more at one with herself ever since she has had a fulfilling sex life.

Elle est beaucoup plus épanouie depuis qu'elle a une vie sexuelle satisfaisante.

For a lot of Americans marriage is a union between a man and a woman and same-sex couples fear a new era of intolerance.

Pour beaucoup d'Américains, le mariage est une union entre un homme et une femme et les couples homosexuels craignent une nouvelle époque d'intolérance.

During the Spanish Inquisition homosexuality was a sin punishable by death.

En Espagne, pendant l'Inquisition, l'homosexualité était un péché passible de la peine de mort.

Times are changing. Spain has now legalised marriage for same-sex couples.

Les temps changent. L'Espagne a maintenant légalisé le mariage des couples homosexuels.

Why should same-sex couples not be allowed to adopt children?

Pourquoi les couples homosexuels n'auraient-ils pas le droit d'avoir des enfants ?

The Anglican church is in turmoil after the election of a divorced gay man who lives with a male partner as bishop of New Hampshire.

L'Eglise anglicane est en plein désarroi après l'élection comme évêque du New Hampshire d'un divorcé homosexuel qui vit avec un homme.

In America the True Love Waits movement has persuaded more than 2.4 million teenagers to promise to abstain from sex until marriage.

Aux Etats-Unis, le mouvement « True Love Waits » (le Véritable Amour Attend) a convaincu plus de 2,4 millions d'adolescents de promettre de ne pas avoir de rapports sexuels avant le mariage.

George Bush extols abstinence as a protection against sexually transmitted diseases and teenage pregnancy.

George Bush prône l'abstinence comme protection contre les maladies sexuellement transmissibles et la grossesse chez les adolescentes.

84. OLD AGE
LA VIEILLESSE

the old / old people / the elderly	*les personnes âgées*
an old man / an old lady	*un vieil homme / une vieille dame*
a senior citizen / a senior / a third-ager	*une personne du troisième âge*
to grow old / to get old	*vieillir*
to be getting on in years	*prendre de l'âge*
the over-70s	*les plus de 70 ans*
a seventy-year-old man	*un septuagénaire*
an eighty-year-old man	*un octogénaire*
a centenarian	*un centenaire*
to go grey	*grisonner*
a white-haired man	*un homme aux cheveux blancs*
to have white hair	*avoir les cheveux blancs*
to be bald / baldness	*être chauve / la calvitie*
a wrinkle / a line	*une ride*
the infirmities of old age	*les infirmités de la vieillesse*
vulnerable	*vulnérable*
disabled	*handicapé*
impotence	*l'impuissance (sexuelle)*
impotent	*impuissant (sexuellement)*
weakness / weak	*la faiblesse / faible*
to weaken	*s'affaiblir*
illness / sickness	*la maladie*
to be in good health / in poor health	*être en bonne / mauvaise santé*
senility / senile	*la sénilité / sénile*
to lose one's memory	*perdre la mémoire*
memory loss	*la perte de mémoire*
Alzheimer's (disease)	*la maladie d'Alzheimer*
to require special care	*nécessiter des soins particuliers*
to be bed-ridden	*être grabataire*
a home for the aged	*une maison de retraite*
a nursing home / an old people's home	*une maison médicalisée*
geriatrics	*la gériatrie*
a gerontologist / a geriatrician	*un gérontologue*
agism / ageism / age discrimination	*l'âgisme, le racisme anti-vieux*
to be rejected by society	*être rejeté par la société*
grey power	*le pouvoir économique des personnes âgées*

You are as old as you feel.

On a l'âge qu'on se donne.

Not so long ago, you were doing well if you reached 70. But many now live full lives well beyond that.

Il n'y a pas si longtemps on avait de la chance si on arrivait à 70 ans mais maintenant, beaucoup de gens ont des vies bien remplies bien au-delà de cet âge-là.

Plenty of people scarcely notice when they turn 60, planning trips and university courses well into their 70s.

Beaucoup de gens se rendent à peine compte qu'ils ont 60 ans et ils ont des projets de voyages et de cours à l'université bien au-delà de leurs 70 ans.

Many people who are on the wrong side of seventy look the picture of health.

Beaucoup de gens qui ont soixante-dix ans bien sonnés respirent la santé.

What matters is to be young in mind even if you are old in body.

Ce qui compte, c'est d'être jeune d'esprit même si votre corps ne suit pas.

Senior citizens are a force to be reckoned with.

Le troisième âge représente une force avec laquelle il faut compter.

The market is getting round to realising that third-agers have more money than any other age group.

Le marché commence à se rendre compte que les seniors ont plus d'argent que toutes les autres tranches d'âge.

The life expectancy and the quality of life of old people depend in large part on how much money they have.

L'espérance de vie et la qualité de vie des personnes âgées dépendent essentiellement de l'argent qu'ils ont.

The elderly are regularly accused of being privileged and of costing the nation a lot of money.

Les personnes âgées sont régulièrement accusées d'être des privilégiées et de coûter très cher à la nation.

Old people are often held responsible for the deficits in health systems.

Les personnes âgées sont souvent tenues pour responsables des déficits des systèmes de santé.

In today's society old people are all too often looked upon as useless and ostracized by the younger generation.

Dans la société d'aujourd'hui, les personnes âgées sont trop souvent considérées comme inutiles et rejetées par la jeune génération.

Never forget that the youth of today are the pensioners of tomorrow.

N'oubliez jamais que les jeunes d'aujourd'hui sont les retraités de demain.

If youth but knew, if old age but could.

Si jeunesse savait, si vieillesse pouvait.

85. HOW TO LIVE TO BE A HUNDRED
COMMENT VIVRE JUSQU'A CENT ANS

a centenerian	*un centenaire*
to be in good health / to be healthy	*être en bonne santé*
to stay healthy	*rester en bonne santé*
to be fit for life	*être en forme toute sa vie*
to live longer	*vivre plus longtemps*
to slow down the ageing process	*ralentir le processus de vieillissement*
antiageing medicine	*la médecine destinée à lutter contre le vieillissement*
vitamins	*des vitamines*
minerals	*des minéraux*
fibre	*des fibres*
calcium	*du calcium*
health food(s)	*des aliments diététiques*
a calorie / caloric	*une calorie / calorique*
the daily calorie intake	*le nombre de calories par jour*
to eat / to drink in moderation	*manger / boire avec modération*
to eat right	*se nourrir convenablement*
to eat smart	*manger malin*
to avoid fattening food	*éviter la nourriture qui fait grossir*
antioxidants	*les antioxydants*
a low cholesterol level	*un taux de cholestérol peu élevé*
to eat tomatoes	*manger des tomates*
spinach	*des épinards*
broccoli	*du brocoli, des brocolis*
salmon	*du saumon*
herring	*du hareng*
mackerel	*du maquereau*
garlic	*de l'ail*
vegetables	*des légumes*
fruit(s)	*des fruits*
lean meat	*de la viande maigre*
cereals	*des céréales*
to be rich in Omega 3	*être riche en Oméga 3*
to quit smoking / to give up smoking	*arrêter de fumer*
to watch one's weight	*surveiller son poids*
to take it easy	*ne pas s'énerver*
to control one's anger	*contrôler sa colère*
to exercise / to do exercise	*faire de l'exercice*
to burn off calories	*brûler des calories*

LES MOTS AU SERVICE DES IDEES

Medicine is doing all it can to extend human life and is succeeding brilliantly.

La médecine fait tout ce qui est en son pouvoir pour allonger la durée de vie de l'homme et y parvient brillamment.

Life expectancy has increased to such an extent that the notion of a "fourth age" is rapidly losing meaning.

L'espérance de vie a augmenté à un point tel que la notion de « quatrième âge » est en train de perdre rapidement toute signification.

New research suggests that a long life is no accident.

De nouvelles recherches semblent montrer que vivre vieux n'est pas dû au hasard.

Can eating the right foods in the right combination actually prevent disease?

Manger les bons aliments en les associant correctement peut-il vraiment empêcher les maladies ?

The most immediate benefit from adopting a healthy diet is that it can lower blood pressure.

Adopter une alimentation saine peut avoir comme bienfait le plus immédiat une baisse de la tension artérielle.

An apple a day keeps the doctor away.

Mangez une pomme par jour et vous n'aurez pas besoin de docteur.

Most nutritionists agree that red wine – but not too much – may be good for the heart.

La plupart des nutritionnistes s'accordent à dire que le vin rouge (bu avec modération) peut être bon pour le cœur.

A number of studies have linked regular consumption of broccoli to a reduced risk of breast, colon and stomach cancers.

Un certain nombre d'études ont établi un lien entre une consommation régulière de brocoli et une diminution du risque de cancer du sein, du colon et de l'estomac.

Scientists are fairly confident that garlic protects the heart and has antibacterial and antifungal powers.

Les scientifiques sont presque sûrs que l'ail protège le cœur et a des vertus antibactériennes et antifongiques.

Studies show that walking may be the best exercise for reducing the risk of heart disease, stroke and diabetes.

Des études montrent que la marche est peut-être le meilleur exercice pour réduire le risque de maladie cardiaque, d'attaque cérébrale et de diabète.

Getting to 100 depends partly on the genes you are born with and partly on your lifestyle – your diet, where you live and the stress you experience.

Arriver à 100 ans dépend en partie de vos gènes à la naissance et en partie de votre mode de vie (votre alimentation, l'endroit où vous habitez et votre stress).

86. THE OLYMPIC GAMES
LES JEUX OLYMPIQUES

the Olympics / the Games	*les Jeux olympiques*
the Winter / Summer Games	*les Jeux d'hiver / d'été*
the greatest show on earth	*le plus grand spectacle au monde*
to host the Games	*accueillir les Jeux*
the host city	*la ville organisatrice*
to stage the Games	*organiser les Jeux*
the International Olympic Committee	*le Comité international olympique*
an IOC member	*un membre du CIO*
to bribe sb	*corrompre qqn*
the opening ceremony	*la cérémonie d'ouverture*
the Olympic torch	*la flamme olympique*
the Olympic stadium	*le stade olympique*
the Olympic rings	*les anneaux olympiques*
the closing ceremony	*la cérémonie de clôture*
to participate in / to take part in	*participer à*
to compete	*concourir*
on your marks, get set, go	*à vos marques, prêts, partez*
an event	*une compétition*
an athlete	*un athlète*
track and field events	*l'athlétisme*
individual sports	*les sports individuels*
team sports	*les sports collectifs*
the Olympic gold rush	*la ruée vers l'or olympique*
a strong contender for a medal	*un sérieux prétendant à une médaille*
to be the one to beat	*être l'homme / la femme à battre*
a gold / silver / bronze medal	*une médaille d'or / d'argent / de bronze*
a gold medallist	*un médaillé d'or*
the Olympic podium	*le podium olympique*
to play the national anthem	*jouer l'hymne national*
the Olympic spirit	*l'esprit olympique*
to produce heroes	*produire des héros*
to generate millions of dollars	*rapporter des millions de dollars*
to get too commercial	*devenir trop commercial*
TV rights	*les droits de télévision*
to be covered by the media	*être couvert par les médias*
new facilities	*de nouvelles installations*
an amazing cash bonanza	*une manne financière incroyable*
a financial disaster	*une catastrophe financière*

The Games receive widespread media coverage all over the world.
Les Jeux ont une couverture médiatique énorme dans le monde entier.

The important thing is not winning but taking part.
L'essentiel n'est pas de gagner, mais de participer.

Some say that the Games are no purer than the world from which they are supposed to be a respite.
Certains disent que les Jeux ne sont guère plus purs que le monde dont ils sont censés nous éloigner temporairement.

No one is naïve enough to believe commerce has nothing to do with the Games, but their appeal transcends their flaws.
Personne n'est assez naïf pour croire que le commerce ne tient aucune place dans les Jeux, mais leur charme prime sur leurs défauts.

Doping. Tainted records. Bribery. Boycotts. We sometimes wonder why we make such a big deal of the Olympics.
Dopage, records sales, corruption, boycotts. On se demande parfois pourquoi on accorde une telle importance aux Jeux olympiques.

The Olympics provide moments of rare intensity that remain indelibly printed in your memory.
Les Jeux olympiques offrent des moments d'une rare intensité qui restent gravés dans votre mémoire à jamais.

If the Games happened every year or always in the same city, they wouldn't be so much fun.
Si les Jeux avaient lieu tous les ans ou se déroulaient toujours dans la même ville, ils n'auraient pas le même attrait.

Few athletes expect to win a medal, yet they go for the honour of competing for their country.
Peu d'athlètes espèrent gagner une médaille, pourtant ils vont aux Jeux pour l'honneur de concourir pour leur pays.

What the host country wants most from the Olympics is an economic shot in the arm.
C'est avant tout un coup de fouet économique que le pays organisateur attend des Jeux olympiques.

The hoped-for tourism boom does not always materialise.
Le boom touristique tant espéré ne se matérialise pas toujours.

Since Los Angeles in 1984 revenues from the Games have soared. But so have infrastructure costs.
Depuis Los Angeles en 1984, les recettes issues des Jeux ont explosé. Mais le coût des infrastructures aussi.

Hosting the Olympics offers untold prestige and prosperity.
Accueillir les Jeux olympiques apporte un prestige et une prospérité incalculables.

87. FOOTBALL
LE FOOTBALL

football / soccer	*le football*
to play football	*jouer au football*
a football player / a footballer	*un footballeur*
a football star	*une star du ballon rond*
a football	*un ballon de football*
a (football) club	*un club (de football)*
a (football) team	*une équipe (de football)*
a (football) pitch / field / ground	*un terrain (de football)*
the stadium	*le stade*
a (football) match	*un match (de football)*
football boots	*des chaussures de football*
a shirt	*un maillot*
(a pair of) shorts	*un short*
to kick the ball	*frapper le ballon*
to score a goal	*marquer un but*
a goalkeeper	*un gardien de but*
the referee / the ref	*l'arbitre*
a line judge	*un juge de touche*
to disallow a goal	*refuser un but*
to give a penalty / a free kick	*accorder un penalty / un coup franc*
to be offside	*être hors jeu*
a foul	*une faute*
to be booked	*recevoir un avertissement*
a yellow card / a red card	*un carton jaune / un carton rouge*
to be sent off	*être expulsé*
the World Cup (final)	*(la finale de) la Coupe du monde*
the European Championships	*le championnat d'Europe*
the F.A. Cup final	*la finale de la Coupe d'Angleterre*
the Premiership	*la 1re division du championnat d'Angleterre*
to be broadcast live	*être retransmis en direct*
a football fan / a football supporter	*un supporter*
to do the pools	*faire le concours de pronostics*
hooliganism / a hooligan	*le hooliganisme / un hooligan*
a trouble maker	*un fauteur de troubles*
vandalism	*le vandalisme*
to ransack shops	*saccager des boutiques*
disturbances	*des bagarres*
to be a disgrace to the nation	*être une honte pour le pays*
to crack down on football violence	*réprimer la violence dans le football*

LES MOTS AU SERVICE DES IDEES

Football receives more and more media coverage.

Le football a une couverture médiatique de plus en plus importante.

There is so much money at stake that football cannot be just a game.

Il y a tant d'argent à gagner que le football ne peut pas être seulement un jeu.

Football used to have educational values but is now ruled by money.

Le football avait naguère des valeurs éducatives mais il est aujourd'hui régi par l'argent.

It may be just a game, but pride and prejudice often turn a mere football match into a matter of international machismo.

Ce n'est peut-être qu'un jeu, mais la fierté et les préjugés transforment souvent un simple match de football en une affaire de machisme international.

Ancient rivalries resurface and long-ago wars are refought, making the field of play a metaphor for a field of battle.

Les vieilles rivalités resurgissent et les guerres d'antan sont refaites, le terrain de jeu faisant office métaphoriquement de champ de bataille.

Football is often synonymous with jingoism and sometimes with hatred.

Le football est souvent synonyme de chauvinisme et parfois de haine.

The players should set an example for young people instead of thinking they can do what they like.

Les joueurs devraient montrer l'exemple aux jeunes au lieu de se croire tout permis.

The violent situation at some football matches is only a reflection of what can be witnessed in the playgrounds of some schools.

La violence lors de certains matchs de football ne fait que refléter ce qu'on peut voir dans certaines cours de récréation à l'école.

It is only a small minority who smash shop windows, terrorise inhabitants and wreck trains.

Ce n'est qu'une petite minorité qui casse les vitrines, terrorise les habitants et saccage les trains.

Why not make the rioters break rocks and build roads?

Pourquoi ne pas obliger les vandales à casser des cailloux et à construire des routes ?

Some matches get out of hand because of a refereeing mistake. That could be avoided thanks to instant video replay.

Certains matchs dégénèrent à cause d'une erreur d'arbitrage. Cela pourrait être évité par le recours à la vidéo.

Big matches enable people to forget their daily worries.

Les grands matchs permettent aux gens d'oublier leurs soucis quotidiens.

One of the miracles performed by football is to provide collective emotions. Who will ever forget France's triumph in the 1998 World Cup?

L'un des miracles du football est de procurer des émotions collectives. Qui oubliera jamais le triomphe de la France dans la Coupe du monde de 1998 ?

88. EXTREME SPORTS
LES SPORTS EXTREMES

to like taking risks	*avoir le goût du risque*
to have a taste for adventure	*avoir le goût de l'aventure*
to be adventurous	*aimer l'aventure*
risk taking	*la prise de risque(s)*
a risk taker	*un preneur de risques*
to risk one's life / to risk one's neck	*risquer sa vie / risquer sa peau*
to put one's life at risk	*mettre sa vie en danger*
to do sth at the risk of one's life	*faire qqch au péril de sa vie*
to get the adrenalin going	*avoir une montée d'adrénaline*
a thrill seeker	*un amateur de sensations fortes*
to get a thrill / a kick out of sth	*se donner des sensations fortes*
to like thrills and spills / thrills and chills	*aimer se faire peur*
to push the danger button	*rechercher le danger*
to court danger / death	*braver le danger / la mort*
to flirt with death	*flirter avec la mort*
to play with danger	*risquer ce qu'il ne faut pas*
risk-taking behaviour	*un comportement à risques*
to take extreme chances	*prendre des risques extrêmes*
to live dangerously	*vivre dangereusement*
to live life on the edge	*jouer sa vie à quitte ou double*
BASE jumping	*le base jump*
bungee jumping	*le saut à l'élastique*
snowboarding	*le snowboard*
ice climbing	*l'escalade des murs de glace*
skateboarding	*le skateboard, le skate*
rock climbing	*l'escalade*
mountaineering	*l'alpinisme*
paragliding	*le parapente*
hang-gliding	*le deltaplane*
scuba diving	*la plongée sous-marine*
apnoea diving	*la plongée en apnée*
to dive without a breathing apparatus	*plonger en apnée*
(whitewater) rafting	*le rafting*
abseiling (GB) / rappelling (US)	*la descente en rappel*
skydiving	*le parachutisme en chute libre*
caving / potholing	*la spéléologie*
canyoning	*le canyoning*
off-piste skiing	*le ski hors piste*
extreme biking	*le VTT extrême*

LES MOTS AU SERVICE DES IDEES

From extreme sports to unprotected sex, thrill seeking is becoming more and more popular.

Des sports extrêmes aux rapports sexuels non protégés, la recherche de sensations fortes est de plus en plus en vogue.

What exactly makes them take the leap when they are looking down at the ground?

Qu'est-ce qui les pousse à sauter, au juste, quand ils regardent dans le vide ?

Would people seek risk as never before if everyday life was not so dull?

Les gens rechercheraient-ils le risque plus que jamais auparavant si la vie de tous les jours n'était pas si terne ?

People are taking risks because everyday risk is minimized and they want to be challenged.

Les gens prennent des risques parce que, dans la vie de tous les jours, les risques sont limités et qu'ils ont besoin d'un défi.

Previous generations didn't need to seek out risk : it showed up uninvited and regularly.

Les générations précédentes n'avaient pas besoin d'aller au-devant des risques : ils survenaient régulièrement sans qu'on les ait cherchés.

Some people engage in risks their parents would have shunned and their grandparents would have dismissed as just plain stupid.

Certains prennent des risques que leurs parents auraient évités et que leurs grands-parents auraient refusés en les qualifiant tout simplement de complètement idiots.

The rising popularity of extreme sports bespeaks an eagerness to push out personal limits.

La mode grandissante des sports extrêmes témoigne d'un vif désir de repousser ses limites personnelles.

Sure they are scared, but what matters to them is to conquer their fear.

Bien sûr qu'ils ont peur, mais ce qui leur importe est de vaincre leur peur.

He jumped from a cliff just for the thrill of it.

Il a sauté d'une falaise simplement pour se faire peur.

Lots of BASE jumpers end up in hospital, their lives hanging by a thread.

Beaucoup de base jumpers finissent à l'hôpital, leur vie ne tenant qu'à un fil.

BASE jumping has one of the sporting world's highest fatality rates.

Le base jump est l'un des sports qui fait le plus de morts chez les sportifs.

Extreme biking is an activity without margin for error. There are no second chances.

Le VTT extrême est une activité où on n'a pas droit à l'erreur. On n'a pas de deuxième chance.

It is only by taking risks that you enjoy life to the max.

C'est seulement en prenant des risques qu'on profite de la vie au maximum.

89. SPORT, TECHNOLOGY AND MONEY
SPORT, TECHNOLOGIE ET ARGENT

to be reliant on technology	*dépendre de la technologie*
technological improvements	*des améliorations technologiques*
the triumph of the machines	*le triomphe des machines*
a bamboo pole	*une perche en bambou*
a glass-fibre pole	*une perche en fibre de verre*
a neoprene swimsuit	*un maillot de bain en néoprène*
a carbon-fibre racket	*une raquette en fibre de carbone*
a titanium racket	*une raquette en titanium*
the extra power of the new rackets	*la puissance supplémentaire des nouvelles raquettes*
to hit the ball harder	*frapper plus fort dans la balle*
an improved bike	*une bicyclette perfectionnée*
an ultra-light bike	*une bicyclette ultra-légère*
state-of-the-art skates	*des patins haut de gamme*
improved equipment	*des équipements perfectionnés*
to improve sb's aerodynamic profile	*améliorer le profil aérodynamique de qqn*
to play for the love of sport	*jouer pour l'amour du sport*
money is ruining sport	*l'argent ruine le sport*
to make big money	*gagner beaucoup d'argent*
a professional, a pro	*un professionnel, un pro*
professionalism	*le professionnalisme*
to turn pro	*passer professionnel*
to sign a contract	*signer un contrat*
prize money	*l'argent (donné au vainqueur)*
an amateur	*un amateur*
amateurism	*l'amateurisme*
players' salaries	*les salaires des joueurs*
transfer fees	*le montant d'un transfert*
a middleman	*un intermédiaire*
unscrupulous agents	*des agents peu scrupuleux*
a player's career is short	*la carrière d'un joueur est courte*
broadcasting rights	*les droits de retransmission*
advertising	*la publicité*
a billboard / a hoarding	*un panneau publicitaire*
a sponsor	*un sponsor, un parrain*
to sponsor a competition	*sponsoriser une compétition*
the sponsorship of a sporting event	*la sponsorisation d'un événement sportif*

LES MOTS AU SERVICE DES IDEES

The competition is less about "let the best man win" than "let the best machine win".

Aujourd'hui, la compétition c'est moins « que le meilleur gagne » et plus « que la meilleure machine gagne ».

Technological advances have had a major effect on performance.

Les progrès technologiques ont eu des répercussions considérables sur les performances.

Has technology stolen the soul of sport?

La technologie a-t-elle dénaturé l'esprit du sport ?

Should high-tech equipment which alters the nature of sports be banned?

Faut-il proscrire le matériel de pointe qui dénature l'esprit du sport ?

Tennis players use stiffer rackets that make serves of more than 140 mph almost sure winners.

Les joueurs de tennis utilisent des raquettes plus dures permettant de servir à plus de 225 km/h et de marquer le point presque à tous les coups.

Records in technical events such as the pole vault have raced ahead of those that depend on pure sporting prowess.

Les records dans les disciplines techniques comme le saut à la perche ont fait des bonds plus spectaculaires que ceux qui relèvent de la prouesse purement sportive.

Technology has also allowed athletes to significantly increase their training intensity.

La technologie a aussi permis aux athlètes d'augmenter sensiblement l'intensité de leur entraînement.

Money is pouring into football, as the figures attest.

L'argent coule à flots dans le football comme l'attestent les chiffres.

A 30-second TV commercial at half time costs the earth.

Un spot publicitaire de 30 secondes à la télévision à la mi-temps d'un match coûte une véritable fortune.

In the old days, players earned more than the average worker, but they also rode home on the bus with them.

Dans le temps, les joueurs gagnaient plus que le travailleur moyen, mais cela ne les empêchait pas de rentrer chez eux en bus avec eux.

Why shouldn't a top-level footballer earn as much as an actor does?

Pourquoi un footballeur de haut niveau ne gagnerait-il pas autant qu'un acteur ?

Isn't it disgraceful that top-level sportsmen should earn as much money while there is so much poverty in the world?

N'est-il pas scandaleux que les sportifs de haut niveau gagnent autant d'argent alors qu'il y tant de pauvreté dans le monde ?

Some football stars pocket huge sums of money thanks to advertising.

Certaines stars du ballon rond empochent des sommes considérables grâce à la publicité.

90. DOPING
LE DOPAGE

to take drugs	*se doper*
a performance-enhancing drug	*un (produit) dopant*
a banned substance	*un produit interdit*
steroids	*les anabolisants*
to take / to use creatine	*se doper à la créatine*
blood doping	*l'autotransfusion*
growth hormones	*des hormones de croissance*
an energy builder	*un tonique*
testosterone	*la testostérone*
to increase muscle bulk	*augmenter la masse musculaire*
to increase stamina	*accroître l'endurance*
a dietary / nutritional supplement	*un complément alimentaire*
to cheat / a cheat	*tricher / un tricheur*
a doping test / a drug(s) test	*un contrôle antidopage*
to test positive for nandrolone	*être contrôlé positif à la nandrolone*
to fail a doping test / a drug(s) test	*être contrôlé positif*
to be stripped of one's gold medal	*être privé de sa médaille d'or*
to be banned for life	*être suspendu à vie*
a repeat offender	*un récidiviste*
to be disqualified	*être disqualifié*
a clean / a dirty event	*une compétition où les participants ne se dopent pas / se dopent*
a drug(s) scandal / a doping scandal	*un scandale lié au dopage*
doping allegations / doping charges	*des accusations de dopage*
an injection	*une piqûre*
a foolproof test	*un test infaillible*
hard-to-detect drugs	*des produits difficiles à déceler*
random testing	*des contrôles inopinés*
to take a random test	*se soumettre à un contrôle inopiné*
an out-of-competition test	*un contrôle pendant les périodes d'entraînement*
an anti-doping official	*un responsable de la lutte anti-dopage*
to be nailed / to be caught out	*se faire prendre*
to have one's name cleared	*être blanchi*
to be a target of suspicion	*être l'objet de soupçons*
to get away with it	*passer à travers les mailles du filet*
a urine sample	*un échantillon d'urine*
to eradicate the use of drugs	*éradiquer le dopage*
to declare war on doping	*déclarer la guerre au dopage*

LES MOTS AU SERVICE DES IDEES

Has sport lost out to chemistry?

Le sport est-il victime de la chimie ?

The use of performance-enhancing drugs has long been one of the darkest aspects of sports.

L'utilisation de produits dopants est depuis longtemps l'un des aspects les plus sombres du sport.

Today, nobody can come near the drug-propelled records set by some in the 1970s and 1980s.

Aujourd'hui, personne ne peut approcher les records établis par certains à coups de dopants dans les années 70 et 80.

Not only is doping against the spirit of sport but also it harms athletes.

Non seulement le dopage est contraire à l'esprit du sport, mais en plus il ruine la santé des athlètes.

A side effect of EPO is that it thickens the blood and can cause heart attacks or strokes.

Un effet secondaire de l'EPO est qu'elle épaissit le sang et peut entraîner des crises cardiaques ou des attaques cérébrales.

He says he has never knowingly taken any banned substance.

Il dit qu'il n'a jamais pris sciemment de produits interdits.

He faces a two-year ban after testing positive for THG.

Il risque deux ans de suspension après avoir été contrôlé positif à la THG.

Driving doping out of sport may prove impossible.

Eradiquer le dopage dans le sport risque de s'avérer impossible.

Some drugs are undetectable with the technology that sports officials currently use to catch drug cheats.

La technologie que les instances du sport utilisent aujourd'hui pour prendre les tricheurs ne permet pas de déceler certains produits.

Growth hormones help build muscle.

Les hormones de croissance aident à accroître la masse musculaire.

The development of undetectable gene doping is a frightening prospect.

Le développement de la thérapie génique pour se doper sans risque de se faire prendre est une perspective effrayante.

There is so much money at stake in football and tennis that some players may be tempted to take drugs designed to maximise performance.

L'argent à gagner dans le football et le tennis est tel que certains joueurs peuvent être tentés de prendre des produits conçus pour optimiser les performances.

Some athletes would risk trading health for wealth.

Certains athlètes seraient prêts à risquer leur santé pour s'enrichir.

The vast majority of sportsmen and women want to play cleanly and fairly.

L'immense majorité des sportifs et des sportives veulent s'affronter loyalement sans se doper.

91. LEISURE AND HOLIDAYS
LOISIRS ET VACANCES

leisure	*les loisirs*
a pastime /a hobby	*un passe-temps*
the leisure industry	*l'industrie des loisirs*
entertainment	*les divertissements (TV, cinéma, etc)*
to entertain friends	*recevoir des amis*
to enjoy oneself	*se divertir, s'amuser*
to have a good time	*passer un bon moment*
spare time / free time	*le temps libre*
to have some time to spare	*avoir du temps de libre*
to have time on one's hands	*avoir du temps devant soi*
recreation / relaxation	*la détente*
to relax	*se détendre*
to take it easy	*ne pas s'énerver*
to have a cushy time	*se la couler douce*
to take time out	*prendre un congé, interrompre ses activités*
to take a break	*faire une pause, se reposer un peu*
to be / to go on holiday (GB) / to be / to go on vacation (US)	*être, partir en vacances*
to holiday (GB) / to vacation (US)	*être en vacances*
paid holiday / paid vacation	*les congés payés*
to have / to take a holiday	*prendre des vacances*
during the holidays	*pendant les vacances*
a (bank) holiday	*un jour férié*
the Christmas / Easter holidays	*les vacances de Noël, de Pâques*
a holiday maker (GB) / a vacationer (US)	*un vacancier*
a holiday resort	*un lieu de vacances, une villégiature*
a seaside resort	*une station balnéaire*
to sunbathe	*prendre un bain de soleil*
to bask in the sun	*se dorer au soleil*
a winter resort	*une station de sports d'hiver*
a campsite (GB) / a campground (US)	*un camping*
a camper	*un campeur*
to go camping	*faire du camping*
to camp rough	*faire du camping sauvage*
to sleep under the stars	*dormir à la belle étoile*
a caravan (GB) / a trailer (US)	*une caravane*
to tow a caravan	*tracter une caravane*
a camper (van) / a motor home	*un camping-car*

LES MOTS AU SERVICE DES IDEES

Our ancestors would be amazed if they saw the leisure society we live in today.

Nos ancêtres seraient sidérés s'ils voyaient la société des loisirs dans laquelle nous vivons aujourd'hui.

Weekends are sacrosanct in most families.

Les week-ends sont sacro-saints dans la plupart des familles.

When questioned about how they like to use their free time, a majority of people say that they just like to relax with their families.

Quand on les interroge sur la façon dont ils aiment utiliser leur temps libre, la majorité des gens disent qu'ils aiment tout simplement se détendre en famille.

People wouldn't give up their holidays for the world.

Les gens ne renonceraient pas à leurs vacances pour tout l'or du monde.

Many people now prefer shorter working hours and more leisure time.

Beaucoup de gens préfèrent maintenant travailler moins et avoir plus de temps pour leurs loisirs.

Most French people take advantage of the 35-hour working week to indulge in their favourite leisure activity.

La plupart des Français profitent de la semaine de 35 heures pour s'adonner à leurs loisirs favoris.

The downside of a shorter working week is that people have lower wages.

L'inconvénient d'une semaine de travail plus courte, c'est que les gens ont des salaires moins élevés.

He is on a caravanning holiday in Spain.

Il est parti en vacances en caravane en Espagne.

He had the time of his life during his last holidays.

Il s'est amusé comme un fou pendant ses dernières vacances.

She loves to sunbathe on French Riviera beaches but she doesn't tan easily.

Elle adore prendre des bains de soleil sur les plages de la Côte d'Azur mais elle ne bronze pas facilement.

He took a week off because he really needed a break.

Il a pris une semaine de congés car il avait vraiment besoin de se reposer un peu.

She is so busy during the year that she needs to get away from it all for a month.

Elle travaille tellement pendant l'année qu'elle a besoin de tout oublier pendant un mois.

They use their holidays for relaxation and cultural activities.

Ils utilisent leurs vacances pour la détente et les activités culturelles.

His only recreation is watching football on TV.

Sa seule distraction, c'est de regarder le football à la télévision.

All work and no play makes Jack a dull boy. (a proverb)

Beaucoup de travail et peu de loisirs, cela ne réussit à personne.

92. TRAVEL AND TOURISM
VOYAGES ET TOURISME

to travel	*voyager*
to travel light	*voyager avec peu de bagages*
a traveller	*un voyageur*
a passenger	*un passager*
a journey / a trip	*un voyage*
to go on / to make a journey (to)	*partir en voyage*
a day trip	*une excursion d'une journée*
to go on / to take a trip (to)	*partir en voyage*
a business / school trip	*un voyage d'affaires / scolaire*
the outward journey	*le voyage aller*
the return journey / the return trip	*le voyage aller et retour*
a crossing	*une traversée (maritime)*
a flight	*un voyage (en avion)*
to be jet-lagged	*souffrir du décalage horaire*
a tour	*un voyage, un périple*
a world tour / a round-the-world trip	*un tour du monde*
to tour a country	*visiter un pays*
a package tour	*un voyage organisé*
to go on a cruise	*faire une croisière*
a travel agency / a travel bureau	*une agence de voyages*
a tour operator	*un voyagiste*
a brochure	*une brochure*
to book a seat	*réserver une place*
to hire / to rent a car	*louer une voiture*
to be travel-sick	*avoir le mal des transports*
to be seasick	*avoir le mal de mer*
to hitchhike	*faire de l'auto-stop*
a passport	*un passeport*
an identity card	*une carte d'identité*
luggage (GB) / baggage (US)	*des bagages*
a case / a suitcase	*une valise*
to pack (up) / to do one's packing	*faire ses valises*
to go sightseeing	*faire du tourisme*
a tourist centre / destination	*un(e) centre / destination touristique*
a tourist attraction	*un site touristique*
the tourist industry	*l'industrie du tourisme*
the tourist office	*le syndicat d'initiative*
a packed lunch	*un panier repas*
to stay at / in a hotel	*séjourner dans un hôtel*

Travel and tourism provide a source of income for many people.

Les voyages et le tourisme sont une source de revenus pour de nombreuses personnes.

Tourism helps bring peoples closer together and create a conscience respectful of the diversity of ways of life.

Le tourisme contribue à rapprocher les peuples et à créer une conscience qui respecte la diversité des modes de vie.

For many countries the question is to combine environmental protection and the need for socioeconomic development.

Pour de nombreux pays, il s'agit de concilier la protection de l'environnement et le besoin de développement socio-économique.

Travel broadens the mind.

Les voyages forment la jeunesse.

Travel is often an escape from the humdrum routine of everyday life.

Les voyages permettent souvent d'échapper au train-train quotidien.

When you have been working hard all the year round, you really need a change of scene.

Quand on a travaillé dur pendant toute l'année, on a vraiment besoin d'un dépaysement.

Travelling abroad and discovering other countries is the best way to forget your daily worries.

Partir à l'étranger et découvrir d'autres pays est le meilleur moyen d'oublier vos soucis quotidiens.

Many Japanese come to Paris for a week to see the sights.

De nombreux Japonais viennent à Paris pour faire du tourisme.

Why not go to China or India if you have a spirit of adventure?

Pourquoi ne pas aller en Chine ou en Inde si vous avez l'esprit d'aventure ?

He wants to retire early and to travel the world before he is too old.

Il veut partir en retraite de bonne heure et parcourir le monde avant d'être trop vieux.

They flew to Los Angeles and then rented a car to discover California.

Ils sont allés à Los Angeles en avion, puis ont loué une voiture pour découvrir la Californie.

When July comes, his best reward is to jet off for a sunshine holiday on some remote island.

Lorsque vient le mois de juillet, sa meilleure récompense est de partir en avion pour des vacances au soleil sur une île lointaine.

Spain is far too touristy for him. He'd much rather spend his holidays in the middle of nowhere.

L'Espagne est beaucoup trop touristique pour lui. Il préfère de beaucoup passer ses vacances dans un trou perdu.

93. TELEVISION
LA TELEVISION

the telly / the box (GB) / the (boob) tube (US)	*la télé*
the small screen	*le petit écran*
a television (set) / a TV set	*un téléviseur*
satellite TV / cable TV	*la télé satellite / le câble*
a dish	*une antenne parabolique*
digital terrestrial television / DTT	*la télévision numérique terrestre / la TNT*
high-definition television / HDTV	*la télévision haute définition*
to switch on / to switch off TV	*allumer / éteindre la télé*
to watch TV	*regarder la télévision*
a channel	*une chaîne*
pay-per-view TV	*la télévision à la carte*
pay TV	*la télévision payante*
a scrambled programme	*un programme crypté*
a programme that is not scrambled	*un programme en clair*
a decoder	*un décodeur*
a VCR	*un magnétoscope*
to zap channels / to channel hop (GB) / to channel surf (US)	*zapper*
a remote control	*une télécommande*
a viewer	*un téléspectateur*
a TV programme	*une émission de télévision*
to be broadcast live	*être retransmis en direct*
a live broadcast	*une retransmission en direct*
a prerecorded programme	*une émission en différé*
prime time television	*les heures de grande écoute*
the 8 o'clock news	*le journal de 20 heures*
infotainment	*l'infospectacle*
an anchorman / an anchorwoman	*un présentateur / une présentatrice*
a face-to-face TV debate	*un débat télévisé*
a TV series	*une série télévisée*
a TV serial	*un feuilleton télévisé*
a soap opera	*un soap opéra, un feuilleton*
a documentary	*un documentaire*
reality TV	*la téléréalité*
to be on the air	*être à l'antenne*
the ratings	*l'Audimat*
to be addicted to TV	*ne pas pouvoir se passer de la télé*
a TV addict	*un accro de la télé*

Some people spend their evenings glued to the TV, no matter what's on.

Certains passent leurs soirées scotchés devant la télé, quel que soit le programme.

His mother accuses him of being a couch potato.

Sa mère lui reproche d'être toujours affalé devant la télévision.

The role of television is to inform, educate and entertain.

Le rôle de la télévision est d'informer, d'instruire et de distraire.

Television keeps you informed about what is going on in the world.

La télévision vous tient au courant de ce qui se passe dans le monde.

Television keeps old people company. Without it they would sometimes feel desperately lonely.

La télévision tient compagnie aux personnes âgées. Sans elle, elles se sentiraient parfois désespérément seules.

When it comes to watching famous sporting events such as the Olympics, television is second to none.

Pour regarder de grands événements sportifs tels que les Jeux olympiques, la télévision n'a pas son pareil.

We are often reproached for being slaves to TV, but who forces you to watch a programme if you don't feel like it?

On nous reproche souvent d'être des esclaves de la télévision, mais qui vous force à regarder une émission si vous n'en avez pas envie ?

To some parents it doesn't matter that the children will watch rubbishy programmes so long as they keep still.

Pour certains parents, peu importe que les enfants regardent de très mauvaises émissions du moment qu'ils se tiennent tranquilles.

American kids watch TV an average of four hours a day.

Les jeunes Américains regardent la télévision en moyenne quatre heures par jour.

The trivialization of violence on TV can have devastating consequences on children.

La banalisation de la violence à la télévision peut avoir des conséquences dévastatrices sur les enfants.

There is no denying that children are strongly influenced by TV.

On ne peut pas nier que les enfants sont fortement influencés par la télévision.

It is for parents to carefully select the programmes their children are watching.

C'est le rôle des parents de sélectionner soigneusement les émissions que leurs enfants regardent.

There is a form of violence in the world today that it will always be the duty of television news programmes to cover.

Il existe une forme de violence dans le monde qu'il sera toujours du devoir des bulletins d'information de la télévision de couvrir.

94. AMERICA
L'AMERIQUE

the United States of America	*les Etats-Unis d'Amérique*
the USA / the US / the States	*les Etats-Unis*
Uncle Sam	*l'Oncle Sam*
the Stars and Stripes	*la Bannière étoilée (le drapeau US)*
an American / the Americans	*un Américain / les Américains*
an American Indian (GB) / a native American (US)	*un Indien d'Amérique, un Amérindien*
an African American	*un Afro-Américain*
a Mexican American / a Chicano	*un Chicano*
a Hispanic	*un Hispano-Américain*
a Latino	*un Latino*
a nation of immigrants	*un pays d'immigrants*
a settler	*un colon*
a WASP	*un wasp*
the melting pot	*le creuset*
a multicultural society	*une société multiculturelle*
the American Dream	*le rêve américain*
a land of plenty	*un pays d'abondance*
an El Dorado	*un eldorado*
a land of opportunity	*un pays où tout est possible*
equality of opportunity	*l'égalité des chances*
the land of free enterprise	*le pays de la libre entreprise*
entrepreneurship	*l'esprit d'entreprise*
a self-made man	*un self-made-man*
a can-do attitude	*une attitude de battant, de gagneur*
self-reliance	*l'indépendance*
to be self-reliant	*ne pas avoir besoin des autres*
rugged individualism	*l'individualisme forcené*
to be individualistic	*être individualiste*
pragmatism / to be pragmatic	*le pragmatisme / être pragmatique*
to start from scratch	*partir de rien*
to be upwardly mobile	*avoir la possibilité de s'élever dans la société*
to climb up the ladder of success	*gravir les échelons du succès*
the American way of life	*le mode de vie américain*
the policeman of the world	*le gendarme du monde*
to feel superior / invulnerable	*se sentir supérieur / invulnérable*
to be full of arrogance	*être plein d'arrogance*
a giant with feet of clay	*un colosse aux pieds d'argile*
America's frailty	*la fragilité de l'Amérique*

LES MOTS AU SERVICE DES IDEES

"We hold these truths to be self-evident, that all Men are created equal..." (Declaration of Independence, July 4, 1776)

« Nous tenons ces vérités comme allant de soi, que tous les hommes naissent égaux... » (Déclaration d'indépendance, 4 juillet 1776)

"Give me your tired, your poor,
your huddled masses yearning to breathe free." (Emma Lazarus, 1886)

« Donnez-moi vos masses pauvres et exténuées / qui s'entassent et aspirent à vivre libres. » (Emma Lazarus, 1886)

There are countless rags-to-riches stories in the States.

Les histoires de gens qui sont passés de la misère à la richesse ne se comptent plus aux Etats-Unis.

People who fail do not get much sympathy in winner-take-all America.

Dans l'Amérique où ceux qui réussissent ne laissent rien aux autres, on ne s'apitoie guère sur le sort de ceux qui échouent.

How is it that a country that prides itself on its economic success could have so many very poor people?

Comment se fait-il qu'un pays qui s'enorgueillit de son succès économique puisse avoir autant de gens si pauvres ?

America is among the developed countries with the highest rates of violent crime, illiteracy, incarceration and drug use.

L'Amérique est parmi les pays développés où il y a le plus de délits avec violence, d'analphabétisme, d'incarcération et de consommation de drogue.

Hurricane Katrina showed once more that a racial divide still haunts America.

L'ouragan Katrina a montré une fois de plus qu'un fossé racial continue d'exister en Amérique.

America likes to think of itself as the "indispensable nation", the strongest, the richest, most capable country on the face of the earth.

L'Amérique aime à se considérer comme la « nation indispensable », le pays le plus puissant, le plus riche et le plus capable du monde.

America should listen to the rest of the world instead of being so arrogant.

L'Amérique devrait écouter le reste du monde au lieu d'être si arrogante.

America's vulnerability was exposed on 9/11. With Katrina the giant has been hit again.

La vulnérabilité de l'Amérique est apparue au grand jour le 11 septembre. Avec Katrina, le géant a de nouveau été frappé.

America has taken a few blows recently but only a fool would count it out.

L'Amérique a reçu quelques claques récemment, mais il faudrait être bête pour s'imaginer qu'elle ne compte plus.

America has the perpetual ability to reinvent and reinvigorate itself.

L'Amérique a la capacité perpétuelle de se réinventer et de se régénérer.

95. AFRICA
L'AFRIQUE

an ailing continent	*un continent mal en point*
a rising continent	*un continent qui s'éveille*
sub-Saharan Africa	*l'Afrique subsaharienne*
southern Africa	*le sud de l'Afrique*
South Africa	*l'Afrique du Sud*
to be ravaged by famine	*être ravagé par la famine*
to be riven by conflict	*être déchiré par les conflits*
to be hard hit by poverty	*être durement touché par la pauvreté*
to live on one dollar a day	*vivre avec un dollar par jour*
to be drought-stricken	*être frappé par la sécheresse*
to be decimated by HIV/Aids	*être décimé par le sida*
to be impoverished by malaria	*être appauvri par la malaria*
to be burdened by unfavourable geography	*être handicapé par une géographie défavorable*
to be blighted by debt	*être miné par les dettes*
to be heavily / deeply in debt	*être fortement endetté*
to suffer from lack of infrastructure	*souffrir d'un manque d'infrastructures*
to stamp out / to root out corruption	*éradiquer la corruption*
corrupt politicians	*des hommes politiques corrompus*
to be ruled by dictators	*être gouverné par des dictateurs*
to get rid of dictators	*évincer les dictateurs*
to do away with dictatorial regimes	*en finir avec les régimes dictatoriaux*
to establish democracy	*établir la démocratie*
to need good governance	*avoir besoin d'être bien gouverné*
to reduce extreme poverty	*réduire la misère*
to lift Africa out of poverty	*sortir l'Afrique de la pauvreté*
to provide financial aid	*fournir une aide financière*
to cancel African countries' debts	*annuler les dettes des pays africains*
to put Africa back on track	*remettre l'Afrique sur les rails*
to help Africa to help itself	*aider l'Afrique à s'aider elle-même*
to keep one's promises	*tenir ses promesses*
to give Africa access to the rich world's markets	*permettre à l'Afrique d'accéder aux marchés du monde riche*
to help bridge Africa's technology gap	*aider à combler le fossé technologique de l'Afrique*
to fund basic education	*financer l'éducation de base*
to move Africa forward	*faire avancer l'Afrique*

LES MOTS AU SERVICE DES IDEES

At the end of the 20th century, Africa was a nightmarish world where chaos reigned. Now Africa is rising.

A la fin du 20e siècle, l'Afrique était un monde cauchemardesque où régnait le chaos. A présent, l'Afrique s'éveille.

Africa's economic problems have a medical solution. Diseases cost the continent billions a year.

Les problèmes économiques de l'Afrique ont une solution médicale. Les maladies coûtent des milliards au continent tous les ans.

Infectious disease has crippled Africa's efforts at economic self-sufficiency.

Les maladies contagieuses ont paralysé les efforts de l'Afrique pour parvenir à une autonomie économique.

25 million people in sub-Saharan Africa are thought to have HIV. Six thousand die from Aids every day.

On estime à 25 millions le nombre de personnes porteuses du virus HIV en Afrique subsaharienne. Six mille meurent du sida tous les jours.

Malaria claims a million lives a year in sub-Saharan Africa alone, most of them children under five.

Rien qu'en Afrique subsaharienne, la malaria fait un million de morts par an dont la plupart sont des enfants de moins de cinq ans.

Malaria kills about 3,000 African children every day and costs Africa an estimated $12bn in lost GDP.

La malaria tue 3 000 petits Africains tous les jours et entraîne pour l'Afrique une perte d'environ 12 milliards de dollars de PNB.

TB, a disease that rarely kills in rich countries, takes a heavy toll in Africa, causing around 1.5m deaths a year.

L'Afrique paie un lourd tribut à la tuberculose, maladie qui tue rarement dans les pays riches, avec environ 1,5 million de morts par an.

Africa cannot develop thanks to aid alone. Investment is the only road to lasting development.

L'Afrique ne peut pas se développer uniquement grâce à l'aide. Seul l'investissent lui permettra de se développer durablement.

525 million Africans out of a total of 800m do not have access to electricity.

525 millions d'Africains sur un total de 800 millions n'ont pas accès à l'électricité.

The media coverage of Africa that is offered focuses almost exclusively on the negative. The Africa that succeeds also needs media attention.

Quand ils parlent de l'Afrique, les médias se concentrent presque exclusivement sur ce qui est négatif. L'Afrique qui réussit a aussi besoin de l'attention des médias.

We must help Africa to trade and ensure that humanitarian aid actually does some good. Africa itself has to do the rest.

Nous devons aider l'Afrique à faire du commerce et nous assurer que l'aide humanitaire est réellement bénéfique. C'est à l'Afrique de faire le reste.

96. CHINA
LA CHINE

the People's Republic of China	*la République populaire de Chine*
the Chinese / a Chinese	*les Chinois / un Chinois*
to speak Chinese	*parler chinois*
a communist regime	*un régime communiste*
communism	*le communisme*
Mao's statue	*la statue de Mao*
the Great Leap Forward	*le Grand Bond en avant*
re-education camps	*des camps de rééducation*
a political opponent	*un adversaire politique*
a party official	*un responsable du parti*
a high-ranking cadre	*un cadre haut placé*
Communist propaganda	*la propagande communiste*
today's China	*la Chine d'aujourd'hui*
China's military potential	*le potentiel militaire de la Chine*
to rise / to be rising	*s'éveiller*
a rising power in the 21st century	*une puissance montante du 21e siècle*
a stirring giant	*un géant en mouvement*
to stand tall in the world	*être un grand de ce monde*
a huge consumer market	*un vaste marché de consommateurs*
to join the WTO	*devenir membre de l'OMC*
China is modernizing	*la Chine se modernise*
to modernize the economy	*moderniser l'économie*
to make giant strides	*avancer à pas de géant*
unprecedented economic growth	*une croissance économique sans précédent*
the world's cheapest labour force	*la main d'œuvre la moins chère du monde*
the new workshop of the world	*le nouvel atelier du monde*
to innovate	*innover*
to get materialistic	*devenir matérialiste*
to be materially obsessed	*être obsédé par le matérialisme*
to be bursting with consumers	*regorger de consommateurs*
to become westernized	*s'occidentaliser*
China's westernization	*l'occidentalisation de la Chine*
rural China	*la Chine rurale*
China's urbanization	*l'urbanisation de la Chine*
the world's second largest polluter	*le deuxième pollueur mondial*
the one-child policy	*la politique de l'enfant unique*
the Beijing Olympics	*les Jeux olympiques de Pékin*

LES MOTS AU SERVICE DES IDEES

Home to a fifth of humanity, China is quite simply unoverlookable.

On ne peut tout simplement pas négliger la Chine qui abrite un cinquième de l'humanité.

China ran to its own rules and was impervious to change for a long time.

Pendant longtemps, la Chine a suivi ses propres règles et a été réfractaire au changement.

China is opening up in unprecedented fashion to the outside world.

La Chine s'ouvre au monde extérieur d'une façon sans précédent.

China is a long way from matching the military might of America.

La Chine est loin de rivaliser avec le pouvoir militaire des Etats-Unis.

China is urbanising fast and cities are spreading across former farmland.

L'urbanisation de la Chine est rapide et les villes se développent sur ce qui était auparavant des terres agricoles.

China's agriculture is in rapid decline, prompting fears that the country will soon be unable to feed itself.

Le déclin de l'agriculture chinoise est rapide, ce qui fait craindre que le pays ne soit bientôt plus à même de se nourrir.

The one-child policy has led to a severe female shortage because many couples want a son at all costs.

La politique de l'enfant unique a entraîné un manque considérable de femmes, de nombreux couples voulant un fils à tout prix.

The number of cars in Beijing has skyrocketed and the city is now stuck in a 24-hour jam.

Le nombre de voitures à Pékin a augmenté en flèche et la ville est maintenant paralysée par les encombrements 24 heures sur 24.

The wealth so evident in Shanghai remains out of reach for most of the population.

La richesse si évidente à Shanghai reste inaccessible à la plupart des Chinois.

The outside world should welcome a stronger China, if only because a weak and insecure one would bring nothing but trouble.

Le monde extérieur devrait se réjouir que la Chine soit plus forte, ne serait-ce que parce qu'une Chine faible et instable ne créerait que des ennuis.

China is a continent on the move with a distinct approach to capitalism.

La Chine est un continent en mouvement qui a une conception particulière du capitalisme.

China is taking to the capitalist road. Let us hope it can avoid the West's worst mistakes.

La Chine est en route pour le capitalisme. Espérons qu'elle saura éviter les pires erreurs de l'Occident.

And what of the future? What will China be like fifty years from now?

Qu'adviendra-t-il dans l'avenir ? A quoi ressemblera la Chine dans cinquante ans ?

97. THE UNITED KINGDOM
LE ROYAUME-UNI

the British Isles	*les Iles Britanniques*
(Great) Britain	*la Grande-Bretagne*
England	*l'Angleterre*
Scotland	*l'Ecosse*
Wales	*le Pays de Galles*
Northern Ireland / Ulster	*l'Irlande du nord*
(the Republic of) Ireland / Eire	*la République d'Irlande / l'Eire*
the British	*les Britanniques*
a Briton	*un Britannique*
a Brit	*un rosbif*
the English	*les Anglais*
an Englishman / an Englishwoman	*un Anglais / une Anglaise*
the Scots	*les Ecossais*
a Scot / a Scotsman	*un Ecossais*
a Scottish accent / a Scots accent	*un accent écossais*
the Welsh	*les Gallois*
a Welshman	*un Gallois*
to speak Welsh	*parler gallois*
the Irish	*les Irlandais*
an Irishman	*un Irlandais*
a strong Irish accent	*un fort accent irlandais*
cool Britannia	*la Grande-Bretagne d'aujourd'hui*
the Union Jack	*l'Union Jack (= drapeau du R.U.)*
to cross the (English) Channel	*traverser la Manche*
the Channel Tunnel	*le tunnel sous la Manche*
a London cab	*un taxi londonien*
a double decker	*un autobus à deux étages*
(to take) the tube	*(prendre) le métro (à Londres)*
to drive on the left-hand side of the road	*conduire à gauche*
the pound / the pound sterling	*la livre / la livre sterling*
a sports-mad country	*un pays fou de sport*
a dynamic country	*un pays dynamique*
to know how to evolve	*savoir évoluer*
to be outward-looking	*être tourné vers l'extérieur*
to innovate	*innover*
to be riding high	*avoir le vent en poupe*
a highly successful country	*un pays en pleine réussite*
to be creative and innovative	*être créatif et innovateur*
Britain's feel-good factor	*le sentiment d'euphorie de la GB*

LES MOTS AU SERVICE DES IDEES

Britain has changed beyond all recognition.

La Grande-Bretagne est méconnaissable tant elle a changé.

Signs of rebirth abound across the country.

Des signes de renaissance abondent partout dans le pays.

In the doldrums 30 years ago, go-getting Britain stands today as a model of recovery and self-assurance.

En plein marasme il y a 30 ans, la Grande-Bretagne entreprend et est aujourd'hui un modèle de renaissance et de confiance en soi.

In her 11 years as Prime Minister Margaret Thatcher did away with trade-union power and attacked the dependency culture.

Au cours de ses 11 années comme Premier ministre, Margaret Thatcher a réduit à néant le pouvoir des syndicats et a mis à mal la culture de la dépendance.

There is a tremendous sense of confidence in the country today.

Il y a aujourd'hui un sentiment de confiance énorme dans le pays.

Low inflation and unemployment, glittering economic prospects reflect years of painful changes.

Une inflation faible, un chômage peu élevé et de brillantes perspectives économiques reflètent des années de changements douloureux.

For those who are driven by a spirit of adventure and who are prepared to take their talents abroad, Britain is where it's at.

Pour ceux qui sont poussés par le goût de l'aventure et qui sont prêts à exporter leurs talents, c'est en Grande-Bretagne que tout se passe.

London is teeming with French economic migrants who have fled their country, demoralized by high taxes and red tape.

Londres regorge d'immigrés économiques français qui ont fui leur pays, démoralisés par la fiscalité élevée et la paperasserie.

Immigrants think the grass is greener in Britain but they sometimes become disillusioned.

Les immigrés pensent qu'ils seront mieux lotis en Grande-Bretagne mais ils déchantent parfois.

Employment protection is light in Britain. It is easy to be hired but it is just as easy to be fired.

En Grande-Bretagne, il n'y a guère de protection de l'emploi. Il est aussi facile de se faire licencier que de se faire embaucher.

The cost of living in London is prohibitive. Be prepared to spend a fortune on accommodation.

Le coût de la vie à Londres est prohibitif. Soyez prêt à dépenser une fortune pour vous loger.

Health care and education remain the weakest links of a booming country.

La santé et l'éducation restent les maillons faibles d'un pays en plein essor.

98. FRANCE
LA FRANCE

The French / French people	*les Français*
a Frenchman / a Frenchwoman	*un Français / une Française*
the average Frenchman	*le Français moyen*
to enjoy favourable geography	*jouir d'une géographie favorable*
the home of the 360 cheeses	*le pays des 360 fromages*
the home of the five-week paid holiday	*le pays des cinq semaines de congés payés*
the home of the 35-hour working week	*le pays de la semaine de 35 heures*
slogging France	*la France qui bosse*
lazing-around France	*la France qui bulle*
to be overtaxed	*être accablé d'impôts*
to be over-centralized	*être centralisé à l'excès*
to be tradition-bound	*être englué dans ses traditions*
to be ultra-conservative	*être frappé d'immobilisme*
to be protectionist	*être protectionniste*
to be resistant to change	*être réfractaire au changement*
to be crippled by public sector strikes	*être paralysé par les grèves dans le secteur public*
a bloated public sector	*un secteur public pléthorique*
a high unemployment rate	*un taux de chômage élevé*
France's place in the world	*la place de la France dans le monde*
to be self-satisfied	*faire de l'autosatisfaction*
to be backward-looking	*être passéiste*
to be inward-looking	*être replié sur soi-même*
hardline trade unions	*des syndicats jusqu'au-boutistes*
to call into question privileges	*remettre en question les avantages acquis*
to dismantle the social safety net	*démanteler le filet de protection sociale*
to bridge the gap between the haves and the have-nots	*réduire la fracture sociale*
to fight against excessive pessimism	*lutter contre la sinistrose*
to show determination	*ne pas faire preuve de frilosité*
to be ready for change	*être prêt au changement*
to roll up one's sleeves	*se retrousser les manches*
to adopt a more liberal policy	*adopter une politique plus libérale*
to restore confidence	*rétablir la confiance*
to boost French people's morale	*redonner le moral aux Français*
France has wonderful assets	*la France a des atouts merveilleux*

LES MOTS AU SERVICE DES IDEES

Paris continues to be the world's No. 1 tourist destination but it does not embody France as it once did.

Paris reste la destination préférée des touristes du monde entier mais n'incarne plus la France comme autrefois.

French citizens are used to looking to the state for everything.

Les citoyens français sont habitués à ce que l'Etat les assiste dans tous les domaines.

France is suffering from its massive public expenditure, enormous bureaucracy, high taxes and crippling social charges.

La France est malade de ses dépenses publiques massives, de son énorme bureaucratie, ses impôts élevés et ses charges sociales écrasantes.

What France needs most is to trim back the size of the public sector and to ease the tax burden.

Ce dont la France a le plus besoin, c'est de réduire le nombre de fonctionnaires et d'alléger le poids des impôts.

The French do not change things by consensus but by conflict.

Les Français ne font pas changer les choses de manière consensuelle mais de manière conflictuelle.

French people often say they want changes, and then take to the streets when their politicians try to introduce them.

Les Français disent souvent qu'il veulent le changement, puis ils descendent dans la rue lorsque leurs hommes politiques essaient de l'introduire.

Unlike most British people, who live to work, most French people work to live.

Contrairement à la plupart des Britanniques, qui vivent pour travailler, la plupart des Français travaillent pour vivre.

The failure of Paris's bid for the 2012 Olympics may be seen as yet another sign of France's dwindling international influence.

L'échec de la candidature de Paris pour les Jeux de 2012 peut être interprété comme un signe supplémentaire du déclin de la France sur la scène internationale.

The situation is not all doom and gloom. France is doing well in aerospace, transport, tourism, genetics, agribusiness and telecoms.

La situation est meilleure qu'il n'y paraît. La France réussit bien en aéronautique, dans le transport, le tourisme, la génétique, l'agroalimentaire et les télécoms.

France has riches and potential that are not being used to their full advantage.

La France a une richesse et un potentiel qui ne sont pas pleinement exploités.

As Charles De Gaulle put it in his war memoirs, France moves endlessly "from grandeur to decline and from decline to grandeur."

Comme l'a dit Charles De Gaulle dans ses Mémoires de guerre, la France passe sans cesse « de la grandeur au déclin et du déclin à la grandeur. »

99. EUROPE
L'EUROPE

the European Union / the EU	*l'Union européenne / l'UE*
the European Parliament	*le Parlement européen*
a Euro-MP / an MEP	*un député européen*
a Eurocrat	*un eurocrate*
a technocrat	*un technocrate*
the European Commission	*la Commission européenne*
Brussels	*Bruxelles*
Strasbourg	*Strasbourg*
a European	*un Européen*
to europeanize	*européaniser*
to be pro-European	*être pro-européen*
to be anti-European	*être anti-européen*
a Eurosceptic	*un eurosceptique*
a Europhile	*un europhile*
the European currency	*la monnaie européenne*
the single currency	*la monnaie unique*
the euro	*l'euro*
to adopt the euro	*adopter l'euro*
to opt out of the euro	*choisir de ne pas adopter l'euro*
the euro's strength / weakness	*la force / la faiblesse de l'euro*
a ten-euro note	*un billet de dix euros*
a two-euro coin	*une pièce de deux euros*
the Euro zone / Euroland	*la zone euro / Euroland*
the European Central Bank / the ECB	*la Banque centrale européenne / la BCE*
a member state	*un Etat membre*
the enlargement of the EU	*l'élargissement de l'UE*
to enlarge the Union to East European countries	*élargir l'Union aux pays de l'Europe de l'Est*
to apply for membership of the EU	*demander à adhérer à l'UE*
to join the EU	*entrer dans, adhérer à l'UE*
a Europe of 25 members	*une Europe à 25*
a two-tier European Union	*une Union européenne à 2 vitesses*
to lose one's sovereignty	*perdre sa souveraineté*
a European summit	*un sommet européen*
the rejection of the constitution	*le rejet de la constitution*
to reach deadlock / to reach an impasse	*être dans une impasse, être en panne*
to be in crisis	*être en crise*

We have come a long way since France, Belgium, Italy, Luxembourg, West Germany and Holland signed the Treaty of Rome in 1957.

Que de chemin parcouru depuis que la France, la Belgique, l'Italie, le Luxembourg, l'Allemagne de l'Ouest et la Hollande ont signé le traité de Rome en 1957.

The biggest enlargement in Union history took place on May 1, 2004 when ten new countries joined the EU.

L'élargissement le plus important dans l'histoire de l'Union européenne a eu lieu le 1er mai 2004 lorsque dix nouveaux pays sont entrés dans l'UE.

Enlargement is to Europe's benefit because it brings stability in a part of the world that started two world wars.

L'élargissement profite à l'Europe car il amène la stabilité dans une partie du monde qui fut à l'origine de deux guerres mondiales.

Europe reunited means a stronger, democratic and more stable continent, with a single market providing economic benefits for all its citizens.

Une Europe réunie veut dire un continent plus fort, démocratique et plus stable avec un marché unique qui offre des avantages économiques à tous ses citoyens.

Each EU country inevitably views the Union through the prism of its national interests and history.

Chaque pays de l'UE voit immanquablement l'Union à travers le prisme de ses intérêts nationaux et de son histoire.

Turkey's entry into the European Union is likely to be a contentious issue for years to come.

La question de l'entrée de la Turquie dans l'Union européenne sera probablement un sujet de controverse pendant des années.

The French rejected the EU constitution because they are worried about labour market deregulation.

Les Français ont rejeté la Constitution européenne car la déréglementation du marché de l'emploi leur fait peur.

Many people in Europe have the feeling that technocrats in Brussels dish out rules with total indifference to the millions of people they affect.

De nombreux Européens ont le sentiment que des technocrates à Bruxelles pondent des règles avec une indifférence totale pour les millions de personnes concernées.

The EU is often viewed as a sprawling bureaucracy that tries to tell us what kind of bananas we can sell.

L'UE est souvent considérée comme une bureaucratie tentaculaire qui tente de nous dire quel genre de bananes nous avons le droit de vendre.

With the rise of new giants such as China and India, disunity in Europe is no longer an option.

Avec l'émergence de nouveaux géants tels que la Chine et l'Inde, l'Europe ne peut plus se permettre d'être désunie.

100. INDIA
L'INDE

an Indian	*un Indien*
a caste	*une caste*
the caste system	*le système des castes*
to discriminate on the basis of caste	*discriminer en fonction de la caste*
an untouchable	*un intouchable*
an arranged marriage	*un mariage arrangé*
non-violence	*la non-violence*
Kashmir	*le Cachemire*
Pakistan	*le Pakistan*
the Ganges	*le Gange*
Hindi	*l'hindi (langue officielle de l'Union indienne)*
the widespread use of English	*l'usage répandu de l'anglais*
hinduism	*l'hindouisme*
a Hindu	*un hindou*
reincarnation	*la réincarnation*
present-day India	*l'Inde d'aujourd'hui*
a country of contrasts	*un pays de contrastes*
a place of poor farmers	*un endroit où les paysans sont pauvres*
a place of slum dwellers	*un endroit où les gens habitent dans des taudis*
a place bedevilled by drought and floods	*un endroit régulièrement victime de sécheresse et d'inondations*
to change beyond recognition	*devenir méconnaissable*
the Indian nuclear programme	*le programme nucléaire indien*
to open up its economy	*ouvrir son économie*
to steal jobs from wealthy nations	*prendre des emplois aux pays riches*
to have cheap labour	*avoir une main d'œuvre bon marché*
to outsource work to India	*externaliser du travail en Inde*
to locate research labs in India	*installer des laboratoires de recherche en Inde*
a magnet for programmers	*un pôle d'attraction pour les programmeurs*
the back office of many banks	*le back-office de nombreuses banques*
the next knowledge superpower	*la prochaine superpuissance de la connaissance*
to chase China	*être à la poursuite de la Chine*

The first signs that India was rising came about eight years back.

Les premiers signes de l'éveil de l'Inde datent d'environ huit ans.

India has the world's 11th largest economy, yet it is home to more than a quarter of the world's poorest people.

L'Inde est la 11e puissance économique mondiale et pourtant, elle abrite plus du quart des gens les plus pauvres de la planète.

India is the sixth largest emitter of carbon dioxide, yet hundreds of millions of Indians have no steady electricity supply.

L'Inde arrive en sixième position pour ce qui est des émissions de gaz carbonique et pourtant, des centaines de millions d'Indiens n'ont pas l'électricité en permanence.

India has more than 250 universities, yet 39 per cent of adult Indians cannot read or write.

L'Inde a plus de 250 universités et pourtant, 39 % des Indiens d'âge adulte ne savent ni lire ni écrire.

India will need to modernize its infrastructure if it is to enjoy continued growth.

L'Inde devra moderniser ses infrastructures si elle veut bénéficier d'une croissance durable.

India is still struggling to find food and water for millions of its citizens.

L'Inde continue à avoir bien du mal à trouver de la nourriture et de l'eau pour des millions de ses citoyens.

The gulf in spending power between the poor and the well-off has never been more apparent.

Le fossé entre le pouvoir d'achat des pauvres et des riches n'a jamais été plus manifeste.

Millions of Indians go mobile every year.

Des millions d'Indiens se mettent au téléphone portable tous les ans.

India is becoming the place to be for cutting-edge research.

L'Inde devient l'endroit où aller pour la recherche de pointe.

India's space programme aims to soon be completely independent of foreign support.

Le programme spatial de l'Inde aspire à bientôt ne plus dépendre du tout de l'aide étrangère.

India has a thriving pharmaceutical industry which is restructuring to take on the world.

L'Inde a une industrie pharmaceutique prospère qui est en train de se restructurer pour défier le monde.

If India gets everything right it will have the third largest economy in the world by 2050 after China and the US.

Si l'Inde fait un sans faute, elle sera la troisième puissance économique mondiale d'ici 2050 derrière la Chine et les Etats-Unis.

Cet ouvrage a été achevé d'imprimer en juin 2009
dans les ateliers de Normandie Roto Impression s.a.s.
61250 Lonrai
N° d'impression : 092105
Dépôt légal : juin 2009

Imprimé en France